L'enfant, l'adolescent et le sport de compétition

La Collection du CHU Sainte-Justine
pour les parents

L'enfant, l'adolescent et le sport de compétition

Sous la direction de Line Déziel

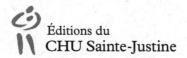

Éditions du
CHU Sainte-Justine

Catalogage avant publication de Bibliothèque et Archives nationales du Québec et Bibliothèque et Archives Canada

Vedette principale au titre :

L'enfant, l'adolescent et le sport de compétition
(La Collection du CHU Sainte-Justine pour les parents)
Comprend des réf. bibliogr.
ISBN 978-2-89619-420-9

1. Enfants sportifs. 2. Sports athlétiques. 3. Sports pour enfants - Entraînement. I. Déziel, Line. II. Collection : Collection du CHU Sainte-Justine pour les parents.

GV709.2.E53 2011   796.083   C2010-942624-X

Illustration de la couverture : Marion Arbona
Photo de la page couverture arrière : Nancy Lessard
Conception graphique : Nicole Tétreault

Diffusion-Distribution au Québec : Prologue inc.
                        en France : CEDIF (diffusion) – Daudin (distribution)
                        en Belgique et au Luxembourg : SDL Caravelle
                        en Suisse : Servidis S.A.

Éditions du CHU Sainte-Justine
3175, chemin de la Côte-Sainte-Catherine
Montréal (Québec) H3T 1C5
Téléphone : (514) 345-4671
Télécopieur : (514) 345-4631
www.editions-chu-sainte-justine.org

© Éditions du CHU Sainte-Justine 2011
  Tous droits réservés
  ISBN 978-2-89619-420-9 (imprimé)
  ISBN 978-2-89619-421-6 (pdf)

Dépôt légal : Bibliothèque et Archives nationales du Québec, 2011
                Bibliothèque et Archives Canada, 2011

Membre de l'Association nationale des éditeurs de livres

*Au nom des auteurs, je tiens à dédier ce livre
à tous les jeunes qui pratiquent un sport de compétition et,
en particulier, à ma fille Gabrielle qui, dès l'âge de 3 ans,
s'émerveillait devant son sport favori,
la gymnastique. Elle nous a entraînés dans une
merveilleuse aventure, celle du sport de compétition.
Merci chérie pour cette belle expérience.*

Line Déziel

REMERCIEMENTS

La réalisation de cet ouvrage est le résultat d'un travail collectif. En effet, j'ai eu le privilège d'être entourée de nombreuses personnes dont l'expertise s'est avérée décisive.

J'adresse ma reconnaissance particulière à Johanne Charron pour toute l'aide qu'elle m'a généreusement offerte, de même qu'aux docteurs Marc Girard et Sylvain Palardy, qui m'ont guidée dans cette aventure.

Un merci particulier à toutes les personnes qui ont contacté des familles et entraîneurs dans divers sports de compétition : Isabelle Amyot, Johanne Charron, Denise Déziel et Sylvain Palardy.

Merci aux athlètes, parents, frères, sœurs et entraîneurs qui nous ont livré leurs commentaires. Merci à toute l'équipe des Éditions du CHU Sainte-Justine et, plus particulièrement, à Luc Bégin pour son soutien constant.

Enfin, un merci tout particulier à ceux et celles qui se sont joints à moi à titre d'auteurs et qui ont permis que cet ouvrage voie le jour : les docteurs Nathalie Alos, Lydia Di Liddo, David Fecteau et Élisabeth Rousseau, de même que messieurs Stéphane Lamy et Germain Duclos.

Liste des auteurs

Nathalie Alos, M.D.
Pédiatre (endocrinologie et métabolisme osseux)
Professeur agrégé du Département de pédiatrie
du CHU Sainte-Justine

Line Déziel
Gestionnaire clinico-administratif du Programme de
soins pédiatriques intégrés du CHU Sainte-Justine

Lydia Di Liddo, M.D., F.R.C.P., Dip. Med. Sport
Pédiatre urgentologue, médecine sportive pédiatrique
Professeur adjoint de clinique du CHU Sainte-Justine

Germain Duclos
Psychoéducateur et orthopédagogue

David Fecteau, M.D., F.R.C.P., Dip. Med. Sport
Pédiatre, médecine sportive pédiatrique
du Centre hospitalier régional de Trois-Rivières

Stéphane Lamy, PHT., F.C.A.M.P.T., C.G.I.M.S.
Physiothérapeute de l'Impact de Montréal
Copropriétaire de Kinatex Sports Physio Rockland

Élisabeth Rousseau, M.D.
Pédiatre
Professeur titulaire de la Faculté de médecine
de l'Université de Montréal
Fondatrice de la clinique de nutrition
du CHU Sainte-Justine

TABLE DES MATIÈRES

CHAPITRE 2
Activité sportive intensive et croissance.................49

Préface

En parcourant le livre de Line Déziel et de ses colla-
borateurs, il m'est venu une image de l'été 1978, tapie
tout au fond de ma mémoire. Moniteur dans un camp
de vacances, je participais à l'organisation de la journée
des olympiades. Au menu : compétitions sportives et
jeux de ballon auxquels des équipes d'enfants venant
de divers milieux s'adonnaient avec plaisir et désir de
gagner. Responsable du départ de la course, j'aperçus sur
le côté de la piste un garçon de 8 ou 9 ans atteint d'un
déficit moteur qui ne lui permettait pas d'envisager qu'il
puisse participer. Un clin d'œil complice à un campeur
et nous voilà, le soutenant par les bras et le dirigeant vers
la ligne de départ. Nous étions seuls, prêts à parcourir
ces quelques mètres, à se mesurer dans une compétition
face à la vie, alternant marche et course au milieu des
rires et des cris qui fusaient de partout. Je ne me rappelle
plus si nous sommes parvenus à la ligne d'arrivée mais
peu importe… j'ai eu l'impression d'être imprégné d'une
satisfaction authentique, de sentir que cet enfant avait
ressenti un immense moment de bonheur et que chacun
de nous, moniteurs et campeurs, avait donné un autre
sens aux mots « gagnants » et… « compétition ».

Ce petit livre sur le sport de compétition mérite qu'on s'y attarde. D'abord, il nous parle de ces enfants du sport, en explorant plusieurs facettes de leur développement physique et psychologique, tout en donnant non seulement aux parents des pistes de compréhension, mais également des moyens pour qu'ils puissent les aider à vivre d'une façon harmonieuse cette intense période de vie. J'ai apprécié qu'on laisse la parole aux athlètes, à leur famille et à leurs entraîneurs ; à travers leurs mots, on perçoit les simples émotions qui les transportent... et à travers leurs maux, les situations susceptibles de les préoccuper.

Au fil des chapitres, la notion d'«équilibre» nous revient sans cesse. Équilibre entre la nécessité pour tous les enfants de s'adonner à l'activité physique et l'importance pour eux de s'investir pleinement dans un ou des sports de compétition tout en conservant des plages «libres» à leur agenda. J'ai également perçu qu'on pouvait parfois marcher sur un fil lorsqu'on parle de l'entraînement nécessaire pour un sport de compétition face à un entraînement trop intensif ou un surentraînement susceptible d'amener des conséquences physiques ou psychologiques. Le chapitre sur la nutrition collaborera à mon propre équilibre tout en procurant aux parents et athlètes une information essentielle pour bien se préparer avant les compétitions.

Finalement, je crois que l'être humain, en vieillissant, doit faire le deuil du parent parfait. Germain Duclos nous mentionne avec justesse que le parent doit aussi faire le deuil de l'enfant rêvé et avoir des attentes réalistes face à son rejeton. Il attire notre attention sur l'impact psychologique de l'obsession du résultat et sur le stress de performance qui y est associé.

Bref, un ouvrage original qui, je l'espère, permettra d'inciter au plaisir du sport de compétition et de prévenir les blessures du corps et... de l'âme.

Sylvain Palardy, M.D.

INTRODUCTION

Le monde de la compétition est des plus riches. Il nous apporte des joies indescriptibles, un sentiment de fierté incroyable, particulièrement lorsque notre enfant gagne un ruban ou une médaille. Est-il seulement possible de décrire les sentiments qui nous animent en découvrant ces yeux étincelants qui reflètent la fierté, le courage et la persévérance récompensée ?

Toute médaille a son revers et le monde de la compétition n'y échappe pas. Il suffit de penser aux inquiétudes des parents relativement aux blessures, peu importe l'âge de l'enfant, et qu'il s'agisse d'une fille ou d'un garçon. Au-delà des performances et des victoires, la santé et le bien-être des enfants priment. D'autant plus que le risque augmente avec certains sports, les sports extrêmes étant de loin les plus inquiétants.

Au fil des compétitions, côtoyant de nombreux parents d'enfants qui pratiquent un sport de compétition, nous nous sommes rendu compte qu'ils partageaient tous les mêmes inquiétudes et les mêmes préoccupations : peur des blessures, de l'épuisement, inquiétude quant à l'influence du sport choisi sur le développement normal de l'enfant tant au plan biologique que psychologique, crainte aussi que leur vie d'enfant leur glisse entre les mains et que le jeu perde sa place, de faire face parfois à la brisure d'un rêve qu'ils auront porté de nombreuses années. Inquiétude également de manquer d'équilibre dans l'encouragement qu'on leur porte, d'avoir de la difficulté à faire face aux périodes creuses (est-ce une mauvaise période, doit-on les encourager à poursuivre ou à laisser tomber), à équilibrer son temps et ses attentions pour la fratrie qui ne pratique pas nécessairement un sport de compétition, tout cela sans oublier le souci constant des ressources financières inhérentes à la pratique d'un sport de compétition et du temps à consacrer à tous les déplacements qu'oblige la compétition. En fait, la cellule familiale entière est engagée dans un choix qui à l'origine ne semblait concerner qu'un de ses membres.

Voilà qui justifie amplement la décision d'offrir un ouvrage permettant d'outiller les parents qui se trouvent aujourd'hui ou qui seront demain dans cet univers du sport de compétition pour les jeunes. Nous espérons que l'information contenue dans les pages qui suivent les aidera à faire un choix éclairé et à démystifier cette nouvelle aventure qui s'offre à leur famille.

Cet ouvrage n'a pas la prétention d'être exhaustif. Nous souhaitons davantage répondre à certaines questions qui ont surgi au fil de nos rencontres avec les jeunes sportifs, leurs parents et leurs entraîneurs.

CHAPITRE 1

Que signifie l'engagement d'un enfant dans un sport de compétition ? Pour lui, pour ses parents, pour sa fratrie ?

Par Line Déziel

L'expérience que nous avons vécue durant des années avec notre fille Gabrielle, qui pratiquait la gymnastique, se répète encore aujourd'hui pour de très nombreux parents. Nous inscrivons nos enfants à une activité sportive et un entraîneur nous informe soudainement que notre enfant a du talent. Il nous demande alors invariablement si nous sommes d'accord pour qu'il joigne les rangs de l'équipe de compétition. Une grande fierté nous habite alors et illumine nos yeux.

Évidemment, en bons parents, nous demandons l'avis de notre enfant. S'il est d'accord, sait-on à ce moment-là dans quel engrenage on vient de mettre le doigt ?

Dans les pages qui suivent, nous voulons aider les parents ainsi que les enfants et les adolescents à être mieux outillés face à ce choix. À cet effet, nous avons obtenu au fil des années les commentaires de jeunes athlètes qui pratiquent différents sports de compétition, de leurs parents, de membres de leur fratrie ainsi que d'entraîneurs. Il s'agit des points de vue d'un bon nombre de personnes véritablement engagées dans la pratique ou le soutien des sports de compétition et non d'un tableau rigoureusement exact de la situation. Voici donc ce qu'ils nous ont transmis à la suite de leurs expériences dans le domaine du sport de compétition.

Les athlètes

Les athlètes qui ont accepté de nous faire part de leurs expériences ont entre 10 et 16 ans et pratiquent un sport de compétition depuis déjà quelques années. On remarque d'abord que les garçons pratiquent davantage de sports d'équipe que les filles.

L'âge de début du sport de compétition chez ces athlètes se situe entre 4 et 12 ans. Le niveau de compétition est varié, du niveau local au niveau national.

Ces enfants ont joint le rang de la compétition en étant invité par un ami, par leurs parents ou par un entraîneur.

De façon générale, on peut dire qu'ils font du sport de compétition en premier lieu parce qu'ils aiment le sport, la compétition, le *feeling*, et parce qu'ils veulent être en forme. De plus, ils trouvent dans cette activité une façon de se dépasser, de se situer par rapport aux autres ; ils aiment gagner et certains d'entre eux ont l'ambition d'aller loin sur le plan sportif.

Tous ces athlètes ont une fratrie. Plus de la moitié des membres des fratries font aussi du sport. Le temps qu'ils consacrent à leur sport varie beaucoup ; cela va de 3 à 24 heures par semaine, et il augmente l'été, passant pour certains de 5 à 17 heures et de 24 à 35 heures par semaine.

Nous avons demandé à ces jeunes athlètes leurs réactions en période de précompétition, particulièrement en regard des facteurs suivants : alimentation, repos, études, préparation psychologique, objectifs, entraînement...

Alimentation

La grande majorité de ces jeunes répondent dans des proportions équivalentes qu'ils mangent comme à l'habitude ou qu'ils augmentent la consommation de pâtes, de fruits et de légumes avant une compétition.

Repos

Près de la moitié des jeunes ne modifient pas leur temps de repos alors que d'autres l'augmentent. Parmi ces derniers, ils sont quelques-uns à diminuer l'effort physique.

Études

Tous ajustent le temps d'études en fonction de leur activité et ne manifestent pas de difficultés scolaires.

Préparation psychologique

Chacun dit effectuer une préparation soit en se concentrant sur la compétition à venir, soit par visualisation ou par relaxation. Un des jeunes nous a dit rencontrer un psychologue.

Objectif visé

L'objectif d'une compétition est de réussir, d'arriver premier, de faire de son mieux et de se distinguer des autres.

Entraînement

Plus de la moitié des athlètes augmentent leurs efforts avant une compétition alors que les autres ne font aucun entraînement ou ne font qu'un entraînement léger ou portant sur des points spécifiques.

Discussion précompétition

Les discussions semblent tourner autour du défi propre à chacun et des objectifs d'amélioration des forces et des faiblesses, des stratégies, de la concentration, de la relaxation et d'une attitude positive.

La présence des parents est appréciée par les jeunes athlètes; elle les motive, les encourage, les sécurise, mais elle peut aussi les stresser. Ils sont fiers de bien performer en présence de leurs proches.

Compétition

Lorsqu'ils gagnent une compétition, tous s'entendent à dire qu'ils sont contents, fiers d'eux-mêmes et qu'ils éprouvent un sentiment de satisfaction et de soulagement.

Lorsqu'ils perdent, tous éprouvent un sentiment de déception. Par ailleurs, une bonne proportion d'entre eux voit dans la défaite un défi pour la prochaine compétition en termes d'amélioration ; d'autres, malgré la déception de ne pas avoir gagné, demeurent fiers de leur performance personnelle. Une minorité dit éprouver un sentiment de découragement.

Leur perception des athlètes adversaires est imprégnée de respect et l'esprit sportif est au rendez-vous. Tous mentionnent que ceux qui sont en compétition avec eux sont des amis, qu'ils jouent et s'exercent ensemble. Le respect est aussi présent au moment de la compétition ; on se souhaite bonne chance, mais chacun veut gagner.

Continuité

Au moment des réinscriptions, nos jeunes athlètes ont à décider s'ils veulent poursuivre dans leur sport et à quel niveau de compétition. Il y a toujours une discussion familiale avant la décision, et le volet financier constitue un enjeu lorsqu'il est question des sports plus coûteux.

Attitudes

Ces jeunes athlètes, au fil de leurs commentaires, ont précisé les attitudes aidantes et nuisibles que peuvent adopter leurs parents ainsi que leurs frères et sœurs par rapport à leur engagement dans un sport de compétition.

Attitudes aidantes	Attitudes nuisibles
Encourager.	Trop pousser à performer.
Suivre les compétitions.	Trop pousser un enfant dans un sport que les parents aiment, mais que l'enfant déteste.
Remonter le moral.	Dire quoi faire.
S'impliquer dans leur sport.	Vouloir que son enfant soit le meilleur du monde.
Respecter le talent de son enfant, qu'il soit bon ou mauvais.	Vouloir la performance d'un enfant avant son bonheur.
Rester auprès de l'enfant.	S'opposer au choix de l'enfant.
Soutenir.	Dire à l'enfant que c'est à cause de lui que l'équipe perd.
Encourager à ne pas lâcher.	Crier une consigne en pleine action.
Pratiquer avec l'enfant.	Décourager l'enfant.
Crier bravo.	Mettre trop de pression.
Être positif.	Comparer aux autres (tel athlète est meilleur que l'enfant).
Donner confiance.	
Prendre rendez-vous avec le psychologue.	
Parler ensemble du sport de l'athlète.	

Avantages et inconvénients

Les jeunes athlètes vivent des inquiétudes, dont celles de se blesser et de mal performer. De plus, un certain nombre d'athlètes nous ont confié avoir peur de faire rire d'eux, peur du ridicule. Ils ont mentionné également les avantages et les inconvénients de leur activité sportive.

POUR EUX	
Avantages	**Inconvénients**
Se garder en forme.	Oublier le but principal du sport : s'amuser.
Se sentir performant.	Consacrer beaucoup de temps.
Apprendre à mieux se connaître.	Être obligé de s'entraîner.
Voir d'autres gens.	Recommencer chaque fin de semaine.
Être plus mature.	Avoir la tête enflée.
Se développer physiquement.	Se blesser.
Faire de l'exercice.	
Vivre l'esprit d'équipe.	
Se dépasser sur le plan personnel.	
La compétition en elle-même.	
Se développer.	
S'amuser.	

POUR LES MEMBRES DE LEUR FRATRIE

Avantages	Inconvénients
Se rapprocher.	Prendre de leur temps.
Ressentir de la fierté.	Désirer faire autre chose.
Apprendre en regardant.	Attendre la fin des compétitions.
Voyager en famille.	Moins jouer ensemble à cause du temps consacré au sport.

POUR LES PARENTS

Avantages	Inconvénients
Se rapprocher de leur enfant.	Dépenser.
Connaître d'autres athlètes.	Voyager beaucoup.
Échanger avec d'autres parents.	Consacrer beaucoup de temps à l'athlète.
Être fiers de leur enfant.	Être disponibles.
Être en famille, inviter la famille élargie à une compétition.	

Bienfaits

Les bienfaits liés à la pratique d'un sport de compétition que mentionnent les jeunes athlètes sont nombreux :

- Se mettre en forme ;
- Faire partie d'une équipe ;

- Faire des stratégies;
- S'épanouir et se développer sur le plan personnel;
- Faire des rencontres, créer de nouveaux contacts;
- Apprendre des succès et des erreurs;
- Apprendre à gérer son temps;
- Voir du pays, découvrir de nouvelles villes;
- Renforcer son corps par l'exercice;
- Avoir du plaisir;
- S'encourager à la vue de ses améliorations.

L'organisation familiale doit avant tout être pensée en fonction du transport. Un athlète demande beaucoup de temps à ses parents et engendre bien des dépenses. Plus l'athlète accorde d'heures à son entraînement, plus la famille doit s'adapter, manger à des heures différentes. Par ailleurs, l'horaire des devoirs ainsi que l'heure des douches et des bains doivent être modifiés.

Les jeunes athlètes estiment que leurs frères et sœurs sont fiers d'eux. Par contre, ils sont conscients que leur sport peut occasionner des dérangements dans leur emploi du temps.

Les parents

Les parents qui ont accepté de nous faire part de leurs expériences ont eux-mêmes fait du sport de compétition dans une grande proportion entre l'âge de 7 et 17 ans, sur une période variant de 3 à 10 ans, tant au plan régional que provincial. Un bon nombre d'entre eux ont été médaillés. Soulignons également que tous ces parents ont plus d'un enfant, la majorité en ayant deux. Notons enfin que près de la moitié des familles ont plus d'un enfant qui pratique un sport de compétition.

Lorsque nous demandons aux parents pourquoi leur enfant fait du sport de compétition, plusieurs identifient la volonté d'aller plus loin, de se dépasser. Ils mentionnent la valorisation ressentie chez les athlètes lorsque ces derniers atteignent leurs objectifs. Le besoin de se mesurer aux autres et le développement d'un sentiment d'appartenance à une équipe sont énoncés ; sans compter le fait que la compétition favorise la stimulation, les relations sociales, offrant une occasion en or de se faire des amis et d'avoir une meilleure estime de soi.

On apprend également que la moitié des athlètes ont demandé à être inscrits dans les sports compétitifs, que les autres ont été sollicités par un entraîneur ou invités par des amis à se joindre à une équipe.

Compétition

En ce qui a trait à la préparation à une compétition, les parents priorisent le repos, la préparation psychologique, la discussion de même que l'alimentation. En ce qui concerne le repos, ils mentionnent qu'il revêt beaucoup d'importance et que l'heure du coucher est devancée. Pour ce qui touche la nutrition, ils s'appliquent à offrir une saine alimentation incluant des éléments nutritifs : protéines, pâtes, sucres lents et hydratation.

Échanges

Sur le plan des échanges, les parents parlent à leur jeune et tentent de l'aider à se concentrer sans pour autant se stresser. Ils écoutent les craintes et certains abordent la possibilité d'une défaite.

Quant aux discussions, elles portent sur les stratégies, les attitudes des joueurs de l'équipe, les points à améliorer, le lieu de la compétition ainsi que sur leur propre frustration. Le partage des objectifs, les inquiétudes, le stress, l'esprit d'équipe sont aussi discutés, sans oublier les horaires et le transport. La stimulation, le renforcement positif, l'étude des résultats et les façons d'améliorer ses performances n'échappent pas à ces temps de discussion. Enfin, les parents n'oublient pas de mentionner à leur jeune qu'il doit faire de son mieux et s'amuser.

Présence et engagement

Tous les parents disent assister aux compétitions de leur enfant. Ils pensent que leur présence aide à diminuer le stress. Un certain nombre de parents s'engagent aussi dans les organisations sportives.

Les parents nous disent que l'esprit sportif est de mise, que l'on soit gagnant ou perdant. Ils estiment que les compétitions se déroulent généralement dans le respect, sans préjugés. Les enfants et les adolescents veulent tous atteindre les mêmes objectifs et on se doit de respecter leurs désirs.

La capacité de reconnaître une performance plus élevée chez l'adversaire est soulignée. De plus, certains ne voient pas l'équipe adverse ou les autres athlètes comme des adversaires. On souligne, cependant, qu'il est très décevant de rencontrer des parents qui s'expriment avec agressivité. Cette attitude se reflète automatiquement chez les jeunes.

Avantages et désavantages

Les parents identifient plusieurs avantages à pratiquer un sport de compétition : l'estime de soi, la forme physique, la sociabilité, la discipline, la persévérance, l'esprit d'équipe figurent en tête de liste. Plusieurs autres avantages sont mentionnés : l'esprit positif, la capacité de faire face à la réalité de la vie, se mesurer, atteindre ses objectifs, se dépasser, travailler en équipe, devenir plus autonome, respecter les autres…

Les désavantages liés à la pratique du sport de compétition sont aussi précisés : le temps requis, les horaires chargés, les repas pris en vitesse, l'organisation nécessaire, qui n'est pas toujours simple, ainsi que le fait d'être face à un jeune qui ne satisfait pas toujours à des exigences souvent élevées et qui, en d'autres mots, ne se sent pas bon.

Vie familiale

Pour les parents, le fait d'avoir un enfant qui fait du sport de compétition demande beaucoup de disponibilité. De plus, il faut ajuster les loisirs en fonction des compétitions.

Il est aussi difficile de consacrer un temps égal à tous les membres de la famille. Enfin, le coût financier est généralement élevé. Cet aspect n'est pas négligeable ; des choix sont parfois proposés en fonction du budget familial et certaines activités doivent être éliminées.

Continuité

Tous les parents réinscrivent leur jeune au sport de compétition si telle est la décision du jeune. Par ailleurs, lorsque ce dernier change de niveau de compétition, les frais augmentent, et certains parents se tournent vers la recherche de commanditaires. De façon générale, les parents font beaucoup afin de permettre à leur jeune de continuer dans son sport.

Attitudes

Selon le point de vue parental, voici le tableau des attitudes aidantes et nuisibles pour un jeune pratiquant un sport de compétition.

Attitudes aidantes	Attitudes nuisibles
Stimuler.	Avoir l'espoir démesuré d'en faire une vedette professionnelle.
Être positif.	Être trop compétitif.
S'informer de l'activité.	Être trop émotif face à la défaite.
Écouter.	Trop pousser l'enfant.
Soutenir.	Transposer son propre rêve d'enfant chez son enfant.

Encourager.	Crier après notre jeune.
Assister aux compétitions.	Prendre la place de l'entraîneur.
Favoriser le plaisir du jeu.	Critiquer négativement sa performance.
Expliquer au besoin.	Dénigrer.
Encourager la participation.	Exprimer son mécontentement face à sa performance.
Féliciter les efforts, pas seulement les victoires.	Faire des reproches.
Mentionner qu'il doit être fier de ses améliorations.	Avoir des comportements et un langage agressifs.
Créer un climat sain.	Dire «Tu aurais pu faire mieux».
S'assurer qu'il est heureux.	Reprocher à l'enfant qui se classe mal de nous faire perdre de l'argent.
Demander comment il se sent par rapport à sa performance.	
L'inviter à nous parler si le sport n'est plus une source de bonheur.	
Respecter sa démarche.	
Ne pas le forcer.	
Qu'il gagne ou qu'il perde, lui dire que cela n'a aucune influence sur l'amour que nous lui portons.	

Inquiétudes

Les inquiétudes identifiées par les parents sont les suivantes : blessure, violence, agressivité des autres parents, peur que les entraîneurs insistent sur des valeurs négatives, que l'on oublie que le jeune doit s'amuser, crainte aussi de n'avoir comme seul but que la victoire, de mettre trop de pression ou que l'entraîneur prenne les victoires et les défaites comme un jugement sur sa performance personnelle.

En terminant, il faut noter que les parents s'interrogent beaucoup sur la question du surentraînement et de ses conséquences sur les plans physique et psychologique, sujet dont il sera question dans les chapitres suivants.

Douleurs et blessures : les parents s'interrogent

- Quand doit-on s'inquiéter lorsque notre jeune se plaint d'une douleur ?
- Quand parle-t-on d'un surentraînement ?
- Quels sont les signes d'un surentraînement ?
- Quels sont les risques de blessures selon les sports ?
- Quelles sont les conséquences des blessures ?
- Quelles sont les blessures qui laissent des séquelles ?
- Est-ce vrai que mon jeune aura un squelette de 70 ans à 20 ans ?
- Quelles sont les causes des blessures graves ?
- Comment peut-on les prévenir ?
- Quand doit-on consulter ?

En conclusion de l'aspect parental de la question, nous constatons que la capacité d'adaptation de la famille doit être au rendez-vous. L'horaire des deux parents est souvent établi en fonction du sport de compétition. Des sorties sont sacrifiées, l'heure des repas est modifiée. Il semble que la recette consiste à faire de cette activité un loisir familial.

Malgré tout, les parents répondent tous qu'ils inscriraient à nouveau leur enfant si c'était à refaire. Ils estiment que leur jeune vit des moments inoubliables, qu'il est heureux et déterminé à poursuivre.

La fratrie

Près de la moitié des membres de la fratrie des athlètes qui nous ont fait part de leurs commentaires pratiquent un sport de compétition et la moitié d'entre eux en pratiquent plus d'un, en moyenne pendant 5 à 6 ans, et particulièrement au plan régional.

Selon eux, leur frère ou leur sœur qui pratique un sport de compétition le fait pour le plaisir, pour se libérer, pour vivre un défi, pour atteindre de nouveaux objectifs, se surpasser, bénéficier d'un talent et se sentir valorisé. En accord avec ce que les athlètes eux-mêmes nous ont dit, les membres de leur fratrie nous ont confirmé que ceux-ci avaient demandé à être inscrits ou qu'ils ont été invités par leurs parents ou un ami à s'inscrire. Ils nous ont mentionné que les athlètes consacrent beaucoup de temps à leur sport.

Avantages et désavantages pour la fratrie

Les membres de la fratrie nous ont dit qu'il y a un seul avantage à être frère ou sœur d'un jeune athlète : celui de voyager à l'occasion. Pour le reste, ils n'en voyaient aucun. En ce qui a trait aux désavantages, ils ont insisté sur le fait qu'ils ne peuvent inviter des amis à la maison lorsque les parents sont absents et qu'ils assistent à des entraînements ou à des compétitions. Ils ont souligné qu'ils ne peuvent pas souvent jouer avec leur frère ou leur sœur, car il ou elle a peu de temps libre en dehors de l'entraînement.

Avantages et désavantages pour l'athlète

Selon eux, il y a des avantages à être un athlète : pouvoir vivre au maximum son sport avec toute l'adrénaline qu'une compétition génère, pouvoir développer ses habiletés, bonifier son corps, faire un apprentissage pour plus tard, gérer son stress et avoir de la visibilité dans les journaux locaux.

Au nombre des désavantages, ils notent le fait de moins voir leurs amis, de vivre des frustrations avec leurs coéquipiers ainsi que la contrainte du temps. Par ailleurs, la crainte des blessures figure aussi au plan des inquiétudes, surtout si une blessure s'est déjà produite lors d'une compétition.

Vie de famille

Les membres des fratries s'accommodent en général de l'organisation familiale faite en fonction du sport de compétition. Dans l'ensemble, on ne semble pas affecté par les horaires et les exigences liés au sport de compétition. Par ailleurs, il est souligné que, lorsque le niveau de compétition augmente, certains parents doivent prendre congé du travail pour accompagner leurs jeunes athlètes.

La majorité des membres des fratries pratiquent ou aimeraient pratiquer un sport de compétition. Faire un sport de compétition permet, à leurs yeux, d'être bien dans sa peau, d'être en forme, de gagner des médailles et de l'argent.

Les entraîneurs

Au fil du temps, des entraîneurs nous ont également fait part de leurs commentaires. Certains pratiquent un sport de compétition individuel et ont entre cinq et huit ans d'expérience. D'autres sont entraîneurs dans un sport d'équipe ; leur expérience varie de 1 à 12 ans.

Les entraîneurs d'un sport d'équipe ont généralement de 11 à 17 enfants sous leur responsabilité alors que les entraîneurs de sport dit individuel ont la responsabilité de 7 à 20 enfants.

De façon générale, ils nous disent tous qu'ils se sont engagés auprès des jeunes afin de transmettre la passion qu'ils ont pour leur sport et de prendre part à l'apprentissage de jeunes athlètes. Ils ont l'amour de l'enseignement et la volonté de transmettre des connaissances aux jeunes.

Les entraîneurs d'un sport d'équipe s'engagent presque toujours parce que c'est le sport de leur enfant et parce qu'ils ont eux aussi pratiqué ce sport. Ils y consacrent plusieurs heures par semaine. Quant aux entraîneurs d'un sport individuel, ils ont été eux-mêmes athlètes de compétition et sont devenus entraîneurs dans le même sport, et souvent, pour le même club. Certains consacrent quelques heures par semaine à leur tâche d'entraîneur, d'autres davantage, jusqu'à 15 heures par semaine. Il y en a même qui le font 45 heures par semaine ; pour eux, il s'agit d'un emploi à temps plein.

Précompétition

En période de précompétition, les entraîneurs insistent sur une préparation faite en fonction de l'objectif poursuivi. On demande moins au plan de la musculation, on tente d'être plus précis quant à la finition d'un mouvement et de perfectionner les routines d'une épreuve.

Alimentation

Sur le plan de la nutrition, ils favorisent une alimentation légère, énergétique et saine de même qu'une bonne hydratation. Ils voient à faire respecter des délais entre un repas et une compétition. Le *Guide alimentaire canadien* reste une source de référence pour eux.

Repos

Les entraîneurs recommandent de bonnes nuits de sommeil (huit heures) au minimum, jusqu'à trois jours avant une compétition, de même qu'un temps de détente de deux à trois heures avant la compétition.

Aspects psychologiques

Ils voient tous la préparation psychologique comme un moment privilégié pour calmer les athlètes. La visualisation est un moyen qu'ils jugent efficace et qu'ils recommandent. Le respect, la gestion du stress et les stratégies sont au rendez-vous.

Performance

Ils croient aux objectifs de performance et invitent les athlètes à fixer les leurs. Certains entraîneurs préfèrent que des objectifs soient fixés pour toute une saison. À leurs yeux, les études constituent une priorité.

Communication

Les discussions avec les athlètes avant une compétition portent sur le plaisir de participer, le désir de gagner et les moyens pour y arriver, sur la gestion du stress, sur le règlement de certains points techniques et sur des mots clés à retenir par l'athlète pendant sa prestation. Cela permet d'assurer un dialogue interne chez l'athlète et d'éviter l'envahissement par le stress.

Les entraîneurs souhaitent que la présence des parents aux compétitions ne déconcentre pas l'athlète, chacun réagissant différemment à la présence de ses proches.

Après la compétition, l'athlète est encouragé, et certains conseils ou points techniques sont revus. Les entraîneurs estiment qu'ils ne doivent jamais tenir des propos pour rabaisser un athlète ou les membres d'une équipe.

Une synthèse des événements est également faite par l'entraîneur. Lorsque l'athlète subit une défaite, on lui rappelle les objectifs atteints et les points à améliorer afin de l'aider pour la prochaine fois. Lorsque l'athlète atteint ses objectifs, on le félicite, on lui dit qu'on est fier de lui et on l'invite à se dépasser.

Avantages et inconvénients

Les entraîneurs nous ont précisé les avantages et les inconvénients de leur rôle.

Avantages	Inconvénients
Se sentir utile.	Lorsque ça ne va pas au goût de l'athlète, ça retombe sur l'entraîneur.
Entretenir de bonnes relations avec les athlètes.	Avoir moins de temps pour les amis, les loisirs.
Apprendre avec les jeunes.	S'entraîner soi-même.
Devenir plus responsable.	Faire un travail épuisant.
Se sentir valorisé de pouvoir transmettre sa passion.	
Avoir du plaisir à enseigner.	
Garder contact avec son jeune.	
Pratiquer une activité commune.	
Être actif, s'engager.	
Agrandir le cercle d'amis.	

Continuité

À chaque nouvelle session, un grand nombre d'entraîneurs – plus de la moitié – remettent en question leur engagement. Ils se demandent s'ils font bien leur métier, s'ils sont les bonnes personnes pour cette activité. Ils se rendent compte aussi qu'ils doivent consacrer beaucoup de temps à l'entraînement. Les autres ne remettent pas leur choix en question ; pour eux, c'est une passion et ils cherchent à s'améliorer eux-mêmes.

Voici maintenant les attitudes qui peuvent aider ou nuire aux athlètes selon les entraîneurs que nous avons rencontrés au fil des ans.

Attitudes des athlètes

Attitudes aidantes	Attitudes nuisibles
La meilleure préparation possible.	Un manque de connaissance du sport.
De la rétroaction à la suite de ses performances.	Un entraîneur peu communicatif.
Un discours renouvelé et intéressant.	Un entraîneur qui veut gagner à tout prix.
Une équipe qui épouse une stratégie collective.	Un entraîneur qui n'aime pas ce qu'il fait.
Une bonne communication.	La colère.
Une attitude positive.	La volonté de pousser l'athlète où il ne veut pas aller.
De l'ouverture.	Une relation de non-confiance.
L'amour de l'entraînement.	

De la compréhension.	
De l'écoute.	
Une bonne organisation.	
Une bonne planification.	
De l'attention envers l'athlète.	

Priorités

Les priorités que les entraîneurs se donnent sont les suivantes : avoir un esprit sportif, avoir la notion de plaisir, l'amour du sport choisi, se fixer des objectifs réalistes, rechercher l'amélioration des habiletés sportives, savoir qu'il est important de gagner et que perdre est enrichissant, vouloir le bonheur de l'athlète.

Cela doit se faire, selon eux, dans le respect du rôle de chacun. Quels sont ces rôles ? Il s'agit pour l'athlète d'être motivé, pour les parents, de soutenir, et pour l'entraîneur, d'enseigner et de diriger.

Les entraîneurs aiment bien connaître les attentes des parents. Ils savent aussi combien ces parents doivent être disponibles. Ils croient important d'être à leur écoute et de répondre à leurs questions de même qu'à leurs inquiétudes. Certains entraîneurs mentionnent que la famille peut être une entrave pour l'athlète ; en effet, ce n'est pas tout le monde qui accepte de « faire le taxi » à 6 heures du matin, de voyager pour des compétitions et de laisser tomber beaucoup d'autres activités de la vie familiale.

Les principales difficultés que rencontrent les entraîneurs résident dans le manque de motivation de l'athlète ou dans son autodévalorisation.

En conclusion, on peut affirmer que, malgré tout, les entraîneurs avec qui nous avons été en contact s'engageraient à nouveau dans cette aventure. Ils y retrouvent une belle énergie et ils ont du plaisir à travailler avec les jeunes.

CHAPITRE 2

Activité sportive intensive et croissance

Par Nathalie Alos

Introduction

Le sport, c'est la santé. Une activité physique régulière et la pratique d'un sport, alliées à une alimentation équilibrée, sont essentielles pour la croissance optimale et pour le bon développement physique et mental de l'enfant. Mais qu'il soit de loisir ou de compétition, le sport devrait toujours être **un plaisir pratiqué en toute liberté**.

Tout comme l'adulte, il est recommandé que l'enfant, quel que soit son âge, fasse de l'activité physique tous les jours. Cependant, l'enfant n'est pas un adulte en miniature. Il est en constante évolution et transformation sur les plans physique, psychomoteur et psychique, en route vers son état d'adulte. De même, l'enfant a des caractéristiques physiologiques bien différentes de celles de l'adulte; sa récupération est beaucoup plus rapide, mais il ne peut pas faire d'efforts prolongés. Toute activité physique doit donc respecter les différentes étapes de son développement physiologique, psychomoteur et psychoaffectif, et y être adaptée.

L'activité physique et les sports apportent aux enfants plusieurs éléments essentiels à leur développement:

- La croissance neuro-musculo-squelettique (neurologique, musculaire et osseuse);
- Le développement psychomoteur: acquisitions motrices, contrôle du tonus et de l'équilibre;
- Le développement psychologique, dont l'apprentissage de ses limites et la façon de les modifier;
- L'amélioration de la santé physique et mentale.

Cependant, parents, entraîneurs et professionnels de la santé s'interrogent sur les effets nocifs possibles de l'entraînement sportif intensif sur la santé de l'enfant et de l'adolescent. Certaines études sont alarmistes, d'autres le sont moins. Toutefois, il persiste beaucoup d'inconnues et d'idées préconçues dans ce domaine. En juin 2002, la Commission médicale du Comité international olympique (CIO) a décidé de lancer des travaux de réflexion et de recherche pour faire le point sur les réglementations en vigueur en matière de pratique sportive chez les jeunes et sur les risques potentiels d'une pratique sportive, intensive ou non, sur la croissance et la santé de l'enfant et l'adolescent. La *Déclaration de consensus sur l'entraînement de l'enfant au sport d'élite* fut rédigée en 2005 par un groupe d'experts médicaux et scientifiques du monde entier, ainsi que par des athlètes ayant pratiqué un sport de haut niveau dans leur enfance. Cette déclaration de consensus fournit des informations sur les principes de l'entraînement et du surentraînement au sport d'élite chez l'enfant, ainsi que des recommandations particulières à cet égard. L'objectif de ce document est d'améliorer la santé et la sécurité de l'enfant pratiquant un sport d'élite en encourageant des principes d'entraînement sûrs et en informant davantage toutes les personnes qui l'entourent. Encore plus récemment, le CIO a publié des recommandations concernant les abus et le harcèlement dans le monde du sport[1].

Parce qu'il est en pleine croissance, l'enfant a besoin de repos, de temps de loisir avec ses amis, avec sa famille. Le sport, surtout lorsqu'il s'agit de compétition, est une pratique qui demande temps et énergie. Or, les participants aux championnats du monde de gymnastique sont de plus en plus jeunes (22,5 ans en moyenne en 1964 pour 16,5 ans en 1987). L'enfant peut être « surentraîné », le nombre d'heures d'entraînement pouvant aller jusqu'à 15, voire 30 heures par semaine dès l'âge de 6-8 ans. Le surentraînement se traduit par une perturbation d'un ou de plusieurs facteurs essentiels de son équilibre général, physique et psychique. **Quelles sont les limites à ne pas dépasser ? Quelles peuvent en être les répercussions sur son développement, sa croissance et sa maturation osseuse ? Sont-elles irréversibles ? Et comment les prévenir ?**

---

1. Voir le document en annexe en page 177.

Parce que les processus de croissance, maturation et transformation sont complexes et propres à chaque enfant, les performances entre enfants de même âge peuvent être différentes. Cela se manifeste dans le rythme de développement et de croissance et peut parfois être considéré comme un défi et être une source de préoccupations pour les entraîneurs, les parents et l'enfant. **Pourquoi cette différence d'un enfant à l'autre ? Peut-on proposer des traitements ? Quels sont les risques associés à l'obligation qui existe dans certains sports de faire « la taille ou le poids optimal » ?**

Autant de questions et d'idées que nous souhaitons aborder dans ce chapitre avec les données de récentes études, après avoir revu des notions importantes sur ce que l'on entend par « croissance normale dans sa globalité » chez l'enfant et l'adolescent.

Notions de croissance, de maturation, de puberté et d'acquisition de la masse osseuse chez l'enfant et l'adolescent

La croissance est un processus dynamique complexe de transformations successives de l'organisme dans toutes ses dimensions et fonctions. Elle est neurologique, musculaire, squelettique et métabolique. Elle ne se résume donc pas en la croissance staturale. La croissance est définie par les différents aspects dynamiques suivants :

- **La croissance « somatique »** correspond à un processus dynamique et quantitatif qui se manifeste par l'évolution non seulement de la taille (croissance staturale), mais aussi des différents segments (changements de proportions et de morphologie avec l'âge), de la vitesse de croissance (mesurée en cm/an), du poids et de la composition corporelle (développement musculaire, adipeux…).

- **La maturation** correspond à un processus dynamique qualitatif de perfectionnement des structures et des fonctions. La maturation osseuse est un bon indicateur de la maturation de l'organisme.

- **La puberté** est une période de transformations sous l'influence de l'augmentation de nombreuses sécrétions hormonales. Cette période est marquée par un gain statural et une augmentation de la masse osseuse considérable, par une transformation corporelle, dont le développement des caractères sexuels, mais aussi une transformation psychique.

- **L'acquisition de la masse osseuse** correspond également à un processus dynamique de l'enfance à l'âge adulte résultant de transformations quantitatives et qualitatives des os. L'os n'est pas la charpente inerte de notre corps, mais un organe actif. Comme presque tous les tissus vivants, il subit un remodelage permanent qui lui permet de se renouveler aussi bien chez l'enfant que chez l'adulte. Masse et force musculaires, de même que de nombreuses hormones, ont une fonction importante dans le processus d'acquisition de la masse osseuse chez un enfant en bonne santé ; elles doivent contribuer à l'équilibre et à l'augmentation du capital osseux. La masse osseuse comprend tous les aspects de l'architecture macroscopique et micros-copique des structures osseuses : la géométrie des os (longueur, diamètre, épaisseur), mais aussi la quantité et la qualité de la trame osseuse (tissage fibreux) et de sa minéralisation (cristaux de calcium qui servent en quelque sorte de ciment et apportent une solidité à cette structure). Le développement et l'acquisition de la masse osseuse chez l'enfant répondent à la loi du *mécanostat* (*mécano*, par analogie aux forces mécaniques transmises par les muscles, et *stat* pour homéostasie, c'est-à-dire un état d'équilibre des différents aspects physiologiques. Pour plus d'information sur le mécanostat, voir p. 65).

- **Croissance somatique, masses musculaire et osseuse et maturation** sont intimement liées au développement des fonctions neurologiques (développement psycho-moteur et sensoriel) et des fonctions endocrines (ou sécrétions hormonales), de la naissance à la puberté.

- **Chez l'enfant, croissance staturale et acquisition de la masse osseuse** sont deux processus dynamiques importants à considérer et à surveiller, que l'on peut comparer à un *capital osseux* que l'on doit constituer impérativement avant la fin de la puberté.

Croissance staturale

La croissance staturale fait intervenir des facteurs généti-ques et des facteurs environnementaux qui interagissent de manière complexe sur des mécanismes hormonaux dont le point d'impact est le cartilage de croissance. L'enfant peut être considéré comme une mosaïque de cartilages de croissance.

- **La génétique**, et donc l'hérédité, a une importance déterminante sur la cinétique (le caractère changeant) de la croissance, les proportions corporelles, le rythme de maturation et la taille adulte définitive de l'enfant.

- **Les facteurs environnementaux** tels que la nutrition, la catégorie socio-économique, les facteurs psychologiques, l'environnement naturel (altitude…) et l'activité physique peuvent moduler de façon appréciable l'impact des déterminants génétiques.

- **Le contrôle hormonal** fait en sorte que l'hormone de croissance, les hormones thyroïdiennes et les stéroïdes sexuels (hormones sécrétées à partir de la puberté) jouent un rôle essentiel. D'autres hormones comme l'insuline, les glucocorticoïdes et le complexe parathormone et vitamine D sont également importantes pour la croissance et la maturation osseuse.

La croissance doit être appréciée selon :

- des **courbes standards spécifiques** selon les populations ethniques ou génétiques ;
- la **taille des parents** (et grands-parents) ;
- l'**âge réel ou chronologique de l'enfant** ;
- son **âge statural**, c'est-à-dire l'âge correspondant à sa taille ;

- la **vitesse de croissance** (cm/an) ;
- son stade de maturation osseuse défini par **l'âge osseux**.

La courbe de croissance est un indicateur important du bon développement de l'enfant. La croissance d'un enfant est normale si elle évolue de manière parallèle aux courbes de référence qui correspondent à des moyennes pour une population ou un groupe génétique donné. Il faut rappeler aussi qu'il existe des courbes pour les garçons et pour les filles. Les courbes de référence ont été établies en étudiant de nombreux enfants du même âge. Elles représentent donc une moyenne, avec une limite inférieure et une limite supérieure qui encadrent une courbe en formant ce que l'on appelle des « couloirs de croissance[2] ».

La surveillance régulière des tailles (et des poids) devrait être faite si possible avec l'aide de la même balance et de la même toise jusqu'à l'adolescence afin d'éviter des erreurs de mesure. Plus on aura de points sur une courbe, plus le phénomène de croissance de l'enfant concerné pourra être analysé correctement. La courbe de croissance est alors un bon « thermomètre » de l'état de santé de l'enfant.

Il existe incontestablement une relation entre la taille des parents et celle de leurs enfants biologiques. Si les deux parents sont grands, leurs enfants ont de fortes

---

2. Les tableaux de référence pour les garçons et filles de 15 à 19 ans sont disponibles sur le web :
www.who.int/growthref/who2007_height_for_age/en/index.html

chances de l'être aussi, et inversement. Les conclusions ne sont, par contre, pas si évidentes si les parents ont des tailles très divergentes.

On peut approximativement calculer dans quelle zone se situera la taille adulte d'un enfant. Il suffit d'ajouter la taille de la mère et celle du père (en cm), de diviser ce total par deux et d'ajouter 6,5 cm pour un garçon ou de retrancher ces mêmes 6,5 cm dans le cas d'une fille. La taille alors obtenue est la taille cible. La taille adulte de l'enfant se situera alors entre deux valeurs : taille cible ± 8 cm. Toutefois, ce calcul ne peut s'appliquer que si parents et enfants étaient ou sont bien portants pendant leur croissance.

La vitesse de croissance varie en fonction de l'âge de l'enfant puis tend à s'annuler rapidement avec la fin de la puberté. La taille adulte est alors atteinte. La croissance staturale prédomine aux membres inférieurs avant la puberté et au rachis (colonne vertébrale) au cours la puberté.

Chaque enfant a **son propre rythme de croissance**. Toutefois, il existe deux moments clés de sa vie où il grandit particulièrement rapidement : les trois premières années de sa vie et la période de la puberté. La croissance liée à la puberté, qui s'étend sur environ quatre ans, est d'abord très rapide puis, progressivement, elle ralentit. À la fin de cette période, on peut considérer que l'adolescent a atteint sa taille adulte.

Figure 1

Vitesse de croissance

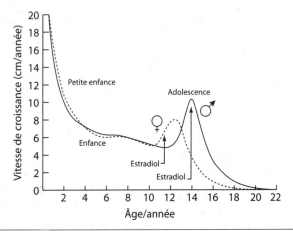

Source: Adapté de Tanner, J.M. *Growth at adolescence*. 2nd ed. Oxford: Blackwell Scientific Publications, 1962.

La vitesse de croissance est importante pendant la petite enfance puis diminue jusqu'à environ 5 cm/an pendant l'enfance pour accélérer de nouveau à la puberté, chez la fille plus précocement que chez le garçon.

Maturation osseuse

La taille d'un individu est quasiment celle de son squelette. Il est alors logique que la maturation osseuse soit un bon indicateur de la maturation de la croissance staturale. Ce qui différencie les individus entre eux, c'est la vitesse avec laquelle se fait cette évolution. Pendant la

Figure 2
Maturation osseuse

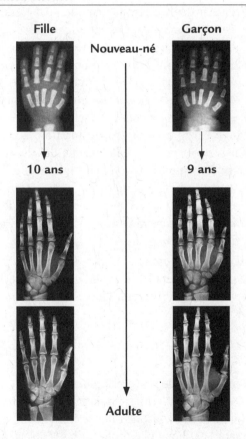

Source : Nathalie Alos, CHU Sainte-Justine.

croissance, les radiographies du squelette permettent de connaître son stade de maturation (ou son âge osseux) en regardant le degré de transformation progressive des cartilages de croissance en os. Le squelette est mature et a atteint sa taille finale lorsque tous les centres d'ossification ont terminé leur cycle de développement et sont entièrement calcifiés. Déterminer l'âge osseux d'un enfant (évalué le plus souvent sur une radiographie du poignet et de la main gauche) est un élément utile, surtout si l'enfant est trop petit ou trop grand pour son âge ou si sa croissance a ralenti. Cela permet de savoir si son âge osseux correspond ou non à son âge chronologique. L'âge osseux est un repère important pour déterminer la puberté et la fin de la croissance : chez le garçon, le début de la puberté correspond à un âge osseux de 13 ans, et chez la fille, de 11 ans.

Ainsi, c'est l'âge osseux qui détermine l'âge physiologique de l'enfant et c'est donc lui qui devrait être pris en compte pour déterminer la classe d'âge de la pratique sportive.

Puberté

Le déclenchement de la sécrétion des hormones pubertaires et sexuelles est géré par un mécanisme complexe. La sécrétion pulsatile (épisode intense et bref de libération dans le sang) des hormones pubertaires (FSH et LH) par le cerveau stimule le développement des gonades (ovaires chez la fille ou testicules chez le garçon). À leur tour, les gonades augmentent leur sécrétion d'hormones (stéroïdes sexuels : essentiellement la testostérone par les testicules et l'œstrogène puis la progestérone par les ovaires). Toute perturbation de ce fonctionnement pulsatile de l'axe de stimulation pubertaire est responsable de l'arrêt de fonctionnement de cet axe. Chez la femme, celui-ci est particulièrement sensible à tout stress physiologique, comme peut l'occasionner une activité sportive intense ou de compétition.

L'hérédité joue également un rôle important sur l'« horloge biologique » et le moment du déclenchement pubertaire. L'enfant aura plus de chance d'avoir une puberté tardive si cela a été le cas pour ses parents.

La vitesse de croissance staturale s'accélère à la puberté (de 5 cm/an avant la puberté jusqu'à entre 7 et 9 cm/an durant le pic de croissance pubertaire). L'âge moyen auquel survient ce pic est plus précoce chez les filles que chez les garçons (12 ans par opposition à 14 ans) et le nombre de centimètres pris pendant la période pubertaire est en général de 25 cm pour la fille et 28 cm pour le garçon. La taille adulte résulte de l'équilibre entre deux processus au niveau des cartilages de croissance, croissance et maturation aboutissant à leur finalité. Les œstrogènes jouent un rôle majeur dans la croissance et la maturation osseuse, et cela, chez les deux sexes. La prédiction de la taille adulte peut être calculée à l'aide de l'âge osseux de l'enfant et de sa taille mesurée au même moment. Cette prédiction est cependant d'autant moins fiable que l'enfant est plus jeune ou que la différence entre ses âges chronologiques et osseux est grande. Cependant, le suivi longitudinal de la prédiction de taille peut apporter une information utile dans le suivi de la croissance.

Sous l'action des stéroïdes sexuels, les caractères sexuels apparaissent dans 95 % des cas entre 8 et 13 ans chez la fille et entre 9 et 14 ans chez le garçon. Chez la fille, le premier signe visible est, en général, l'apparition du bourgeon mammaire. L'intervalle moyen entre le début du développement des seins et la venue des premières menstruations est d'environ deux ans. Chez le garçon, le premier signe qui indique le début de la puberté est l'augmentation de volume des testicules. La testostérone augmente aussi la masse musculaire aux dépens d'un certain type de fibres musculaires, ce qui améliore sa performance sur le plan de la force mais pas forcément sur celui de l'endurance. La testostérone est connue pour être utilisée de façon illicite par certains athlètes, dont ceux pratiquant le football, la natation et aussi par de nombreux amateurs du *body building*.

Acquisition de la masse osseuse

Comme pour la croissance staturale, le développement osseux de l'enfant, du fœtus à l'adolescent mature, est marqué par un gain de masse osseuse impressionnant, expliqué par une augmentation de la taille, du diamètre et une modification de la forme et de la structure des os. Tout comme pour le suivi du gain de taille, l'acquisition de cette masse osseuse peut être suivie et interprétée indirectement avec l'aide de la courbe de gain de densité osseuse. La densité osseuse permet de mesurer le contenu minéral osseux. Cela est une approche indirecte de la masse osseuse. Il existe aussi des courbes de référence évoluant selon l'âge, qui sont différentes en fonction du sexe et de l'ethnicité.

Quels sont les déterminants de l'acquisition optimale de la masse osseuse?

De récentes études pédiatriques ont clarifié l'impact des facteurs héréditaires, des habitudes alimentaires, de l'activité physique et du statut hormonal sur le rythme et l'amplitude de ce gain de masse osseuse.

- **Rythme d'acquisition du capital minéral osseux:** le calcium squelettique total passe de 25 g à la naissance à 900 g ou 1200 g chez l'adulte, respectivement femme ou homme. Ce gain est acquis tout au long de la croissance, mais différemment selon les sites osseux de croissance et avec un certain décalage par rapport à la croissance.

- **Facteurs intrinsèques:** l'héritage génétique, l'ethnie et le sexe jouent un rôle important. En effet, 60 à 80 % de la variance du pic de masse osseuse peuvent être attribués aux facteurs héréditaires. Les populations noires (par opposition aux autres) sont mieux protégées contre l'ostéoporose, car elles ont une masse osseuse supérieure, c'est-à-dire une densité et un volume des os plus importants.

- **Facteurs extrinsèques :** la nutrition et l'activité physique (voir la loi du mécanostat, en page 65) sont des facteurs participant à un gain optimal de masse osseuse.

Le pic maximal de masse osseuse est atteint quelques années après la fin de la croissance, soit en fin de puberté ou au début de l'âge adulte. Il constitue un indice clé du risque d'ostéoporose à partir de cet âge. La prévention de l'ostéoporose commence donc par l'optimisation du gain de masse osseuse au cours de l'enfance et de l'adolescence.

Qu'est-ce que l'ostéoporose ?

L'ostéoporose est caractérisée par une diminution de la masse osseuse associée à une altération de l'architecture du tissu osseux et a pour conséquence une augmentation significative de la fragilité osseuse et du risque de fractures. Généralement considérée comme une pathologie de l'adulte (surtout de la femme ménopausée), l'ostéoporose est devenue une préoccupation pédiatrique pour deux raisons. D'une part, l'acquisition du pic maximal de masse osseuse se fait pendant l'enfance et l'adolescence. D'autre part, l'ostéoporose chez l'enfant existe, doit être prise en charge et, si possible, corrigée avant la fin de la puberté.

Figure 3

*Évolution de la masse osseuse pendant la vie pour
les deux sexes*

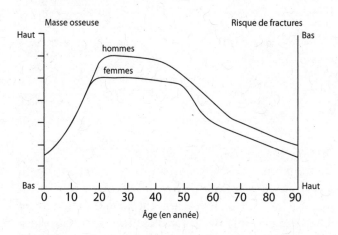

Source : Adapté de Poole, K.E.S. et J.E. Compston, *BMJ* 2006 333 : 1251-1256.

Le modèle de développement osseux chez l'enfant : le mécanostat

Récemment, des chercheurs ont proposé un modèle (théorie) expliquant le développement osseux et l'acquisition de la masse osseuse chez l'enfant : la loi du *mécanostat*.

Figure 4

Modèle de développement osseux – Le mécanostat

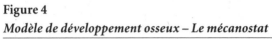

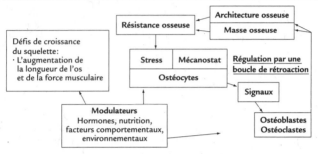

Sources: *Pediatr. Res* 2001 50: 3112 et *Bone* 2004 34: 771-775.

Ce modèle met l'accent sur l'os en tant qu'organe ayant des rôles très précis à remplir (rôle de soutien, de protection, d'adaptabilité à une mécanique fonctionnelle et, très important, rôle dans le maintien de l'homéostasie du calcium). Selon ce modèle, l'organisation spatiale de croissance et de minéralisation des os est conduite par les tensions et les forces mécaniques (ou stress). Les forces mécaniques agissent sur les cellules mécanosensibles (les ostéocytes) et induisent des signaux neurologiques, biologiques et hormonaux dans le corps qui vont agir sur l'activité des ostéoblastes, cellules formatrices, ou des ostéoclastes, cellules destructrices de l'os. Ainsi, le gain de masse osseuse et la croissance architecturale de l'os se développent et s'adaptent en répondant aux forces afin de garder l'ensemble de notre structure corporelle en équilibre. Facteurs mécaniques et non mécaniques (hormones et nutrition) ne sont pas compétitifs, leurs rôles sont simplement différents. Les hormones et la nutrition influencent de façon importante la croissance et le développement osseux, mais ne remplacent pas le rôle de guide que jouent les forces mécaniques, l'activité physique, sur le développement structural osseux.

Les facteurs de risque et les signes d'ostéoporose en pédiatrie

Les facteurs de risque d'ostéoporose pendant l'enfance sont regroupés dans la figure 5. Voici, par ailleurs, les manifestations cliniques et les complications de l'ostéoporose chez l'enfant :

- Douleurs : micro-fractures et fractures, tassements vertébraux, augmentation de la résorption osseuse ;
- Retard statural ;
- Déformations osseuses sévères, comme la scoliose.

Figure 5
Facteurs influençant la masse osseuse

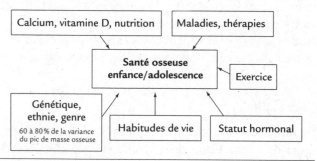

Source : Nathalie Alos, CHU Sainte-Justine.

Répercussions de l'activité sportive intensive sur la croissance, la maturation sexuelle et la masse osseuse. Données de littérature et particularités de certains sports

Le **surentraînement** est défini comme l'effort dont l'intensité, le rythme ou la durée sont tels que les possibilités physiologiques (physiques et psychiques) d'adaptation et de réaction de l'organisme sont dépassées et que l'équilibre général de l'enfant est rompu.

Cette notion d'équilibre est importante à considérer, car un enfant peut pratiquer 5 heures de sport parascolaire par semaine et être surmené alors qu'un autre peut en faire 20 heures par semaine et ne pas être en situation de surentraînement, c'est-à-dire ne présenter aucun signe de déséquilibre.

Le surentraînement se traduit par des symptômes de l'organisme. **L'effet global** est caractérisé par la baisse des performances. Les effets du surentraînement peuvent retentir sur la croissance, la maturation sexuelle et l'acquisition de la masse osseuse mais, selon différentes études, le surentraînement ne semble pas avoir le même impact chez le garçon et chez la fille, et varie également selon le type de sport.

Chez la fille

De nombreuses études se sont intéressées aux effets du sport de compétition chez la fille (Rogol *et al.*, 2000 et Barach *et al.*, 2001). Selon certaines d'entre elles, la pratique intensive de quelques sports commencée avant la puberté chez la fille (tels que la gymnastique aux agrès, le patinage artistique, la danse et la course de fond) peut freiner momentanément la croissance, en amenant une diminution de la vitesse de croissance et un retard statural associés dans tous les cas à un retard de maturation osseuse (de plus de 2 ans sur l'âge réel), et donc à un retard pubertaire (Theintz *et al.*).

Les mécanismes exacts de ce phénomène ne sont, à ce jour, pas entièrement élucidés, et ce, pour plusieurs raisons. D'une part, le contrôle de la croissance et de la puberté sollicite de nombreuses et complexes interactions entre différents facteurs incluant l'effort physique et les variations métaboliques survenant chez le sportif de compétition. D'autre part, il existe très peu d'études de suivi longitudinal de ces jeunes athlètes. Cependant, il n'est pas prouvé qu'il y ait une perte du potentiel de croissance chez ces enfants, et l'arrêt du sport entraîne le plus souvent un rattrapage avec une croissance prolongée, une augmentation de la vitesse de croissance et l'apparition de signes pubertaires (Theintz *et al.*) ; phénomène que nous avons pu constater, d'ailleurs, chez quelques gymnastes suivies dans notre clinique. Certaines études décrivent même que, si le sport est maintenu au même niveau, ces jeunes sportives atteignent, avec un retard correspondant au retard de leur âge osseux, la taille qu'elles auraient eu si elles n'en avaient pas fait. Il s'agit, dans ces cas, d'un retard simple de la croissance et de la puberté mais provoqué par l'activité sportive intense ou en découlant. Ce phénomène ne nécessite aucun traitement hormonal par hormone de croissance ou déclenchement pubertaire. Par contre, une évaluation semestrielle de la taille et de l'âge osseux s'impose pour dépister une éventuelle dissociation entre une taille qui stagnerait et l'âge osseux qui s'accélérerait, situation qui pourrait compromettre la taille finale adulte.

Le type de discipline pratiquée semble avoir des conséquences différentes sur la croissance et la puberté. Le suivi d'une cohorte de gymnastes et de nageuses adolescentes sur une période de 2 à 3 ans a montré que ces deux groupes étaient différents sur le plan de la durée de l'entraînement, soit 22 heures par semaine pour les gymnastes par opposition à 8 heures par semaine pour le groupe des nageuses (Theintz *et al.*). Les jeunes adolescentes gymnastes avaient une croissance significativement ralentie comparativement aux nageuses (5,5 cm/an par opposition à 8 cm/an pour un même âge osseux). À l'âge de 12,7 ans, seulement 7,4 % des gymnastes avaient eu leur première menstruation alors que 50 % des nageuses du même âge étaient menstruées ; toutefois, il est à noter que les gymnastes avaient un retard d'âge osseux correspondant. Ce délai significatif noté chez les gymnastes est appuyé par l'étude de Baxter-Jones *et al.* qui a rapporté que l'âge moyen du début des menstruations en gymnastique, natation et tennis était respectivement de 14,3 ans, 13,3 ans et 13,2 ans comparativement à 13 ans pour la population générale. Les danseuses et les coureuses de fond subissent, à un degré moindre, les mêmes conséquences que les jeunes gymnastes sur leur croissance. Par contre, les jeunes athlètes pratiquant la natation, le patinage de vitesse ou le tennis ne semblent pas subir d'effets secondaires sur leur croissance ou leur puberté.

La prédisposition génétique joue également un rôle important et on remarque que la petite taille des gymnastes est souvent familiale (Malina *et al.*) et qu'il existe une bonne corrélation entre l'âge des premières menstruations des mères et celui de leur fille. Cependant, le stress émotionnel et psychologique associé à un entraînement intensif, à de fréquentes compétitions et à un contrôle strict du poids peut influencer de façon non négligeable la croissance et la puberté. Il est important de souligner que l'apport nutritionnel, en particulier le comportement alimentaire, est certainement le facteur le plus important d'un retard de croissance, surtout dans les sports imposant un contrôle strict du poids.

Certaines études rapportent qu'un entraînement de durée inférieure à 15 heures par semaine ne semble pas avoir de répercussions négatives sur la croissance (Bonen *et al.*). Cependant, ce n'est pas seulement la durée de l'activité, mais aussi l'intensité et le type d'activité sportive qui sont des composantes à considérer. Gymnastes et danseuses ont souvent des contraintes supérieures aux filles qui pratiquent la natation ou le tennis.

Les implications d'un retard pubertaire sont directement reliées, comme mentionné précédemment, à la notion de l'acquisition de la masse osseuse. Certaines études ont rapporté que les coureuses de fond ayant des perturbations du cycle menstruel présentaient une densité osseuse inférieure à la normale, comparativement à celles qui avaient des cycles réguliers. Inversement, les enfants et adolescents qui pratiquent une activité physique intensive en charge ont, selon la théorie du mécanostat, une densité osseuse et un volume osseux supérieurs à leurs pairs non actifs (de 30 à 85 %). Cependant, cela dépend non seulement de la nature du sport, mais aussi du site osseux squelettique évalué. En effet, les contraintes mécaniques imposées aux structures squelettiques sont bien différentes dans leur intensité, modalité et localisation chez un athlète pratiquant la natation, la gymnastique ou le tennis.

Du fait de la force réactionnelle exercée par le sol, qui est plus importante sur le squelette des jeunes gymnastes par opposition aux nageuses et même aux coureuses de fond, la densité osseuse observée chez les premières est plus élevée (après correction pour leur taille corporelle). Une étude rapporte même qu'il n'y aurait pas de différence entre la masse osseuse évaluée chez les nageuses et celle de leurs pairs non actives.

L'effet de l'activité physique sur la masse osseuse est aussi spécifique au site osseux observé. Les danseuses et les gymnastes ont une densité osseuse spécifiquement augmentée au niveau des fémurs (jambes) et de la colonne vertébrale. Par contre, la densité osseuse mesurée au niveau des membres supérieurs (bras et avant-bras) est élevée chez les gymnastes alors qu'elle est inférieure à la normale chez les danseuses. Les athlètes pratiquant le tennis ou le squash depuis l'enfance ou l'adolescence ont une densité osseuse significativement augmentée au niveau de leur bras dominant comparativement à leur autre bras. Ce phénomène est d'autant plus notable lorsqu'on considère le groupe de jeunes athlètes en cours de puberté. On ne note pas de grands changements lorsque l'activité sportive débute après la fin de la puberté. Cependant, l'augmentation de densité osseuse acquise persiste pendant la vie adulte. En effet, l'étude de la densité osseuse évaluée chez d'anciennes gymnastes, danseuses ou coureuses de fond plusieurs années après l'arrêt de leur pratique sportive intensive a montré des valeurs supérieures d'environ 10 % par rapport à des pairs non actives.

Chez le garçon

La littérature rapporte beaucoup moins d'articles originaux sur les conséquences de la pratique intensive du sport sur la croissance des garçons que sur celle des filles. On peut penser à plusieurs raisons pour expliquer cette différence, dont le fait qu'ils ont une alimentation plus adaptée et une masse grasse moins effondrée, deux éléments importants du déclenchement de la puberté.

Pour un même type de sports, comme le patinage artistique ou la gymnastique artistique, les qualités demandées et imposées aux jeunes athlètes féminines sont aussi souvent très différentes de celles requises chez les garçons. Par ailleurs, l'âge de la ménarche chez la fille est un signe de la puberté qui est relativement plus facile à évaluer que l'âge de l'apparition des signes pubertaires chez le garçon. Enfin, il est aussi possible que l'entraînement intensif ait moins de conséquences néfastes sur la croissance et la puberté du garçon que ce qu'il peut avoir sur celles des filles. Il est à noter que, dans la littérature médicale, des résultats « négatifs » sont plus rarement publiés que des résultats « positifs ».

Il est connu depuis fort longtemps (Buckler et Brodie, 1977) que les garçons gymnastes ont, en général, un diamètre bi-acromial (largeur des épaules) supérieur à la norme et une graisse sous-cutanée (évaluée par la mesure des plis cutanés) inférieure à la norme. Les données ne permettent pas de savoir si c'est ce physique particulier qui les a rendus enclins à participer à la gymnastique intensive (autosélection) ou si c'est cette activité physique qui les a ainsi façonnés.

Une étude plus récente (Weimann, 2002) a comparé l'évolution pubertaire de filles et de garçons gymnastes et conclu que les garçons avaient un développement pubertaire normal.

Les deux seules autres activités ayant fait l'objet d'études spécifiques chez les garçons sont la course de fond et la lutte (Rogol et al., 2000). Chez les coureurs de fond, une étude a rapporté que la vélocité de croissance était similaire chez les coureurs et chez le groupe contrôle. Chez les lutteurs (aux États-Unis, car chez les sumos japonais, c'est plutôt le contraire), il est commun de perdre du poids avant la sélection afin d'être inscrit dans une catégorie de poids inférieur. Cela est obtenu par la restriction calorique, l'exercice intensif ou même par la déshydratation, bien que l'Association américaine de médecine du sport et l'Association médicale américaine aient demandé que ces pratiques soient limitées. Pendant la saison de lutte, le poids et la masse grasse diminuent, mais la masse maigre est conservée. Après la saison sportive, une croissance de rattrapage est observée, de sorte que la croissance et la maturation ne sont pas affectées à long terme.

Idées préconçues et questions fréquentes

L'activité physique fait-elle grandir?

La pratique sportive joue un rôle important dans le développement physique et psychomoteur de l'enfant. Toutefois, l'activité physique, quelle que soit la discipline, n'a pas d'effet direct sur la croissance. Un suivi à long terme de deux groupes d'enfants, l'un pratiquant une activité physique régulière et l'autre non, n'a pas montré de différences de tailles.

Si, dans un sport comme la gymnastique, les meilleurs athlètes sont de petite taille, les exigences techniques vont alors favoriser la promotion des jeunes athlètes au poids et à la corpulence appropriés. Ainsi, une « sélection » naturelle s'établit. Il en est de même pour les athlètes pratiquant le basketball ou le volleyball; leur grande taille est un atout de réussite. La pratique du basketball ne fait donc pas grandir davantage.

Quand devrait-on «surclasser» un enfant?

Comme nous l'avons expliqué précédemment, l'âge osseux est le reflet de la maturation physiologique de l'organisme. L'âge osseux détermine l'âge physiologique de l'enfant et devrait être considéré pour déterminer la catégorie de la pratique sportive. Certains enfants d'âge pubère, souvent des garçons, présentent un retard simple de la croissance et de la puberté. Ces enfants ont une taille, une morphologie et un potentiel musculaire inférieurs à ceux de leurs pairs, qui ont déjà développé une maturation pubertaire en rapport avec leur âge chronologique. Ils devraient être classés dans la catégorie correspondant à leur âge physiologique, voire l'âge osseux. Mais la réglementation ne prévoit pas, à tort, cette nuance. À l'inverse, une demande de «surclassement» ne devrait être acceptée que sur la base de l'âge osseux et non pas de l'âge statural (âge correspondant à la taille).

Peut-on proposer un traitement pour améliorer le pronostic de taille finale?

Il arrive souvent que, pour des exigences de critères de taille imposés par la discipline sportive, de jeunes athlètes consultent en vue de connaître leur pronostic de taille adulte et savoir si, dans l'éventualité où celui-ci serait évalué comme étant inférieur à la «norme» requise, un traitement pourrait être proposé. Cette demande survient de la part de jeunes garçons et le plus souvent de leurs parents, parfois encore plus inquiets qu'eux. On peut proposer de «déclencher» la puberté si celle-ci semble retardée par rapport à la normale. L'adolescent fera alors son pic de croissance un peu avant le moment où il l'aurait fait spontanément, mais cela ne change en rien le pronostic de taille adulte évalué. Aucun traitement hormonal, comme l'hormone de croissance, ne sera proposé si l'enfant ou l'adolescent grandit de façon harmonieuse (en suivant sa courbe), rejoignant la taille cible parentale. Un traitement par hormone de croissance ou autre ne sera prescrit que si le diagnostic précis d'un déficit d'une hormone est clairement établi.

Comment différencier le retard de croissance induit par un entraînement sportif intensif d'un retard physiologique ou pathologique ?

Un article récent semble souligner que les petites tailles et retards de maturation des jeunes gymnastes, filles ou garçons, ne doivent pas être attribués à l'exercice intensif, mais à une sélection « naturelle » de ces jeunes athlètes par leurs entraîneurs ou eux-mêmes.

On doit rester vigilant et des études longitudinales sérieuses doivent être réalisées avant de conclure. Si le retard de croissance est induit par le surentraînement, il est souvent accompagné d'autres signes marquant la rupture de l'équilibre général de l'enfant ou de l'adolescent. Ainsi, il faut être attentif à d'autres signes (être irritable ou fatigué, problèmes physiques ou blessures faciles, désordres alimentaires, baisse de son estime de soi ou troubles du sommeil). Le remède est, bien sûr, le repos. Il ne faut pas hésiter à consulter pour une évaluation.

Quels risques sont associés à un entraînement sportif intensif précoce?

Un entraînement sportif précoce est souvent associé à une spécialisation trop hâtive dans un sport donné. Tous les experts sont unanimes pour dire que les enfants devraient, de façon générale, éviter de se spécialiser dans une discipline donnée afin d'acquérir le maximum d'aptitudes qui leur permet alors une expérience équilibrée. En effet, une spécialisation trop précoce limite le potentiel de l'enfant, y compris dans la discipline choisie. Parents et entraîneurs devraient encourager une spécialisation à l'adolescence seulement.

Qu'est-ce que le syndrome de la triade chez la jeune athlète?

Ce syndrome consiste en l'association de troubles du comportement alimentaire (anorexie ou boulimie incitant à l'utilisation de diurétiques ou de laxatifs), d'aménorrhée (ou absence de menstruation) et d'ostéopénie ou ostéoporose (fragilité osseuse) chez une jeune athlète. Ce syndrome touche le plus souvent les disciplines dans lesquelles le contrôle du poids est important et devient parfois une obsession (comme pour les gymnastes, les danseuses et les athlètes pratiquant la course de fond ou le triathlon). Les conséquences peuvent être dévastatrices si aucune mesure de prise en charge n'est envisagée. Une variante de ce syndrome est aussi notée chez les garçons pratiquant la lutte (poids léger).

Figure 6
Triade de l'athlète féminine

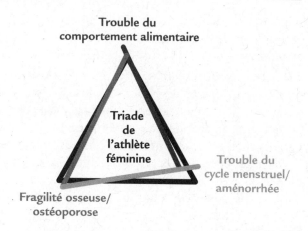

Source : Adapté de Gilbreath, S. *The World of Women in Sports*, University of Southern California, 2009.

Conclusion

L'enfant qui grandit et grossit régulièrement est un enfant en bonne santé et qui a toutes les chances de voir ses autres fonctions se développer tout aussi favorablement.

Un enfant est physiologiquement et psychologiquement différent d'un adulte. Transposer les concepts d'adulte vers le monde de l'enfance et de l'adolescence constitue une énorme erreur en matière de sport, d'autant plus s'il s'agit de sport de compétition. Durée, intensité, fractionnement des activités et, surtout, repos doivent être étroitement surveillés et respectés. L'enfant n'est pas fait pour travailler! Il doit pouvoir vivre son enfance en jouant. Pendant l'enfance, le sport doit avoir pour objectifs le développement de sa motricité, de son équilibre et de sa coordination. À l'adolescence, force et endurance pourront être à l'ordre du jour.

Les travaux de recherche de la Commission médicale du CIO fournissent des réponses plus précises à nos questions. Cependant, la prévention revient aux parents et aux entraîneurs de ces jeunes athlètes. En effet, parents et entraîneurs ont la plus grande influence sur ces derniers et portent la responsabilité de surveiller et guider ces enfants et ces adolescents afin d'éviter toute conséquence néfaste à la pratique d'un sport intensif.

Bibliographie

INTERNATIONAL OLYMPIC COMMITEE (IOC). *The International Olympic Committee (IOC) Consensus Statement on Periodic Health Evaluation of Elite Athletes* - March 2009.
http://multimedia.olympic.org/pdf/en_report_1448.pdf

INTERNATIONAL OLYMPIC COMMITEE (IOC). *The Athlete Periodic Health Examination Questionnaire.*
www.olympic.org/Documents/Commissions_PDFfiles/Medical_commission/Athlete_PHE_form.pdf

MOUNTJOY, M. «Position de consensus - Déclaration de consensus sur l'entraînement de l'enfant au sport d'élite». *Science & Sports* 2008 23 (2): 98-101.

MOUNTJOY, M., N. ARMSTRONG, L. BIZZINI *et al.* «IOC Consensus Statement: Training the elite child athlete». *British Journal of Sports Medicine* 2008 42: 163-164.

WORLD HEALTH ORGANIZATION (WHO). *Growth References (5-19 years).* www.who.int/growthref/who2007_height_for_age/en/index.html

CHAPITRE 3

La nutrition des jeunes sportifs d'élite

Par Élisabeth Rousseau

> « Ton alimentation sera
> ton premier médicament. »
> *Hippocrate, IVe siècle avant J.C.*

Pour ceux et celles qui ont le temps et l'envie de comprendre un peu plus comment fonctionne notre organisme à l'effort, voici un survol de nos connaissances. Sinon, rendez-vous tout de suite aux aspects pratiques d'une stratégie d'hydratation et d'alimentation à mettre en place par les jeunes et leur famille en vue d'épreuves sportives.

Le plan adopté dans ce chapitre sera le suivant :

La physiologie du corps : survol de nos connaissances

- Les sucres : un vrai carburant pour nos muscles et notre cerveau.
- Autres macros et micros nutriments utiles : les graisses, les protéines, le fer et le calcium.

(…)

- Les principes généraux des besoins caloriques des jeunes athlètes.
- Les principes généraux des liquides à ingérer.

En pratique
- Quoi manger et quoi boire avant un effort physique intense, la journée même et après.

Des situations particulières
- Les substances ergogéniques. En a-t-on réellement besoin pour performer ?
- Le végétarisme. Jusqu'où peut-on aller quand on est un sportif ?

Ce chapitre est destiné spécialement à tous ces jeunes qui font des sports artistiques de haut niveau comme les gymnastes, les danseuses et les patineuses. Il peut s'appliquer également à ceux et celles qui pratiquent des sports d'endurance, combinant à la fois des efforts de haute intensité à des périodes d'échauffement et de compétition plus ou moins prolongées et plus ou moins rapprochées, tels que les nageuses, les skieurs, les joueurs de tennis, etc. inscrits dans des programmes d'élite.

La physiologie du corps : survol de nos connaissances

À l'heure actuelle, nos connaissances sur la pratique d'activités physiques, les performances athlétiques et la récupération après l'exercice sont toutes fondées sur une documentation scientifique rigoureuse, ce qui permet d'offrir aux jeunes sportifs des conseils nutritionnels personnalisés et rationnels.

Les sucres : un vrai carburant pour nos muscles et notre cerveau

Les sucres sont le carburant de notre corps, de nos muscles et de notre cerveau. L'appellation « glucides » regroupe toute la famille des sucres, dénommés aussi « carbohydrates ». Pour atteindre des performances optimales, il faut un carburant à l'organisme et ce sont les glucides qui le fournissent. C'est une source d'énergie qui provient principalement de notre alimentation. Les sucres, une fois absorbés, sont stockés sous forme de glycogène, soit dans les muscles, soit dans le foie. S'il y a excès de sucre, celui-ci sera transformé en graisse et emmagasiné dans le tissu adipeux. Donc il en faut, mais pas trop.

Il existe trois types de sources alimentaires en sucre

- **Les sucres simples** directement assimilables, appelés également « sucres rapides », tels que le glucose, le fructose, le galactose et aussi le lactose et le saccharose, proviennent des fruits, des légumes, des jus, des confitures, du miel, du sirop, de la mélasse, des boissons et friandises (bonbons). Ils ont une saveur naturellement sucrée.

- **Les sucres complexes**, dits « sucres lents » ou « polysaccharides » (amidon des féculents), nécessitent une hydrolyse plus poussée pour être assimilés dans notre organisme en sucres simples. On les retrouve dans les pains, les pâtes, le riz, les pommes de terre, les graines et les légumineuses (haricots, lentilles, soja, pois chiches, etc.), les céréales (ex. : flocons d'avoine) et dans les ingrédients entrant dans la composition des soupes, sauces, gâteaux, biscuits et barres tendres.

- Le dernier groupe est constitué des **fibres** (polysaccharides encore plus complexes tels que la cellulose, la pectine, la lignine, les gommes) issues principalement des fruits séchés, des légumes, des graines et des légumineuses. Elles n'ont pas un rôle nutritif, car non absorbées par l'intestin, mais régularisent son transit.

Un sportif qui a de bonnes réserves en glycogène musculaire obtient de meilleures performances à l'effort. Il est donc important d'avoir une alimentation riche en sucres, dans une proportion de 55 à 60 % de la ration calorique totale, et cela, quotidiennement. C'est donc une partie importante des menus des sportifs. Une fois les sources de sucres consommées, le taux de sucre dans le sang (glycémie) va augmenter et va permettre d'accomplir des performances sportives plus ou moins exigeantes.

Avant l'effort, pour les sports qui demandent de l'endurance, nécessitant donc un entraînement prolongé de plus d'une heure, des aliments riches en sucres maintiendront la glycémie, amèneront à la fois le glucose nécessaire aux muscles et au cerveau, mais également les calories utiles au métabolisme de base, à l'effort et à la récupération qui s'y rajoutent. Au besoin, on peut opter, comme alternative pratique, pour une boisson énergétique à prendre juste au début d'un exercice. Ce sont des boissons non gazéifiées conçues pour les sportifs, qui combinent sucres lents, sucres rapides et aussi vitamines (B), sels minéraux (calcium, potassium), tous deux nécessaires à la transmission neuromusculaire. Gatorade® et Powerade® sont des exemples de boissons énergétiques, mais il en existe une myriade sur le marché : Isostar®, Maltobio®, Climadrink®, Endurance®, Isotec®, Sportdrink®, Hydrixis®, etc., proposées dans différentes saveurs. Aucune de ces boissons n'est trop sucrée, elles sont donc toutes bien tolérées par le tube digestif. Sinon, toujours en préparation d'une longue pratique, on peut consommer des sucres complexes tels que cités précédemment, et ce, bien avant l'entraînement ou la compétition.

Pendant l'effort, les aliments sucrés se digèrent et s'absorbent bien et permettent l'entrée rapide du sucre dans le sang. On peut choisir pour cela les aliments riches aussi bien en sucres simples que complexes, les muscles bénéficiant de l'apport de ces deux types de sucres.

Après l'effort, des aliments riches en sucres simples renouvelleront les réserves musculaires en glycogène, permettant une récupération plus rapide.

Quel que soit le niveau de performance et de sport entrepris, le fait de manger juste avant une activité physique permet de prévenir la sensation de faim et procure à l'organisme les réserves nécessaires à l'effort et à la récupération rapide.

Autres macros et micros nutriments utiles :
les graisses, les protéines, le fer et le calcium

Quand on s'entraîne et qu'on veut performer, tous les éléments nutritifs sont importants.

Les **lipides ou graisses** amenés par l'alimentation (représentant de 20 à 25 % des besoins caloriques du jeune sportif) sont utiles à notre organisme. Ils nous isolent contre le froid grâce au tissu adipeux, entourent et protègent les organes vitaux, entrent dans la composition de différentes hormones, de vitamines liposolubles (A, D, E) et acides gras essentiels, sont des constituants des membranes cellulaires et des fibres nerveuses, et fournissent un apport énergétique substantiel. Un gramme de lipides fournit neuf calories, alors qu'un gramme de glucides ou de protéines n'en génère que quatre. Autre rôle : ils contribuent à la saveur et au goût des aliments. C'est pourquoi ils sont très recherchés. Cependant, avant l'effort, il faut limiter la consommation d'aliments gras, car ils sont tous indigestes (ex. : fritures, charcuteries, croustilles, beignes, viennoiseries, etc.). Pour cela, il faut se fier à la liste des ingrédients sur les étiquettes.

Quant aux **aliments riches en protéines** tels que la viande et les substituts, ils peuvent être pris sans excès. Ils sont importants pour produire une sensation de satiété, mais ils sont plus difficiles à digérer que les sucres, donc moins utiles dans l'effort. Bien sûr, le corps humain a besoin de protéines comme base du développement de ses muscles, mais également pour d'autres fonctions telles que l'hémoglobine dans le sang, qui sert de transporteur d'oxygène, mais aussi pour les hormones, qui sont faites également de protéines, de même que les anticorps et les enzymes, ces dernières nous permettant de digérer et d'accomplir toutes les activités cellulaires vitales à notre organisme. Les besoins en protéines sont donc importants. Cependant, même si les muscles sont composés à 75 % de protéines, celles-ci ne sont pas stockées dans notre organisme. Il en faut tous les jours dans notre alimentation, dans une proportion de 15 à 25 % de la portion calorique d'un sportif.

Pour les jeunes sportifs, les besoins en protéines sont grands, pouvant aller de 0,8 à 1,5 g/kg de poids corporel. Par exemple, si le jeune pèse 50 kg, il pourrait prendre 50 g de protéines, soit l'équivalent de 200 g de viande quotidiennement. On va trouver ces protéines aussi bien dans la viande que ses substituts : la volaille, le poisson, les fruits de mer, les œufs, de même que dans les légumineuses, les féculents, les céréales, le beurre d'arachide, le tofu, mais également dans les produits laitiers. Il est à noter qu'une personne en bonne santé, sans histoire familiale de maladies cardiovasculaires, peut consommer des œufs sans restriction. C'est un aliment sain, économique, nutritif, riche en protéines (1 œuf amène 8 g de protéines) qu'on peut manger à raison d'un par jour sans problème.

Une alimentation variée ne nécessite pas de suppléments protéiques pour performer à l'effort. Avec un menu bien équilibré, on peut avoir des résultats similaires à ceux des suppléments, d'autant que la prise prolongée de suppléments est potentiellement néfaste, surtout lorsqu'ils remplacent les aliments nutritifs habituels. Ces suppléments, dont le coût est élevé, fournissent un surplus de calories qui risquent d'engendrer une prise de poids nuisible à la performance sportive.

Outre les sucres, les gras et les protéines, deux autres nutriments méritent spécialement d'être mentionnés. Il s'agit du fer et du calcium. Toutefois, nous ne parlerons pas ici du zinc, du magnésium et de l'élément trace sélénium, leur rôle respectif étant plus marginal et ces éléments ne se trouvant déficitaires que dans les diètes hautement restrictives.

Le fer. Quel est son rôle? Comment et pourquoi est-il important?

Tous les tissus et les organes du corps (cœur, foie, reins, muscles…) ont besoin d'oxygène pour fonctionner. Sans oxygène, il n'y a pas d'énergie. L'oxygène est véhiculé grâce au transporteur qu'est l'hémoglobine et dont le taux est proportionnel à la quantité de fer de notre organisme. Quand il y a un manque de fer, l'hémoglobine ne peut plus transporter autant d'oxygène vers les muscles et les autres parties de notre être ; il en résulte une moins grande énergie. Les enquêtes menées auprès de jeunes sportifs ont montré que le tiers des athlètes étaient déficitaires en fer ; aussi bien les filles, et ce, en rapport avec une alimentation potentiellement restrictive ou en lien à la puberté à des menstruations abondantes, que les garçons, surtout chez ceux qui s'entraînent quotidiennement et intensivement. Dans ces derniers cas, il y a perte de fer par sudation profuse et/ou renouvellement rapide de la myoglobine, véritable protéine ferrique des muscles. Le fer d'origine alimentaire, que l'on va ingérer, existe sous deux formes, étant soit d'origine animale et se retrouvant dans les viandes, les poissons, la volaille, les abats comme le foie, qui en sont riches (ex.: 12 mg de fer pour 100 mg de foie de poulet), soit d'origine végétale et provenant des légumes, légumineuses, céréales, noix et graines, dont le taux d'absorption est bien moindre que le fer d'origine animale (5 % versus 25 %). Il faut manger beaucoup de feuillage et de graines pour combler nos besoins en fer !

Tableau 1

Apport nutritionnel recommandé (ANR) en fer, en mg/jour

Catégorie d'âge	Fille	Garçon
6 à 9 ans	8	8
10 à 12 ans	10	10
13 à 19 ans	16	13

Source: Santé Canada. *Aliments et nutrition. Apports nutritionnels de référence*, 2006.

Cependant, l'absorption du fer est facilitée quand l'alimentation est riche en vitamine C, comme par exemple en rajoutant un jus d'orange le matin, au petit déjeuner, à des céréales enrichies en fer. À l'inverse, une surconsommation de café, de thé ou de boisson énergisante riche en caféine diminue l'absorption du fer.

Le calcium. Quel est son rôle?
Comment et pourquoi est-il important?

C'est lui qui est responsable de la solidité des os. Il faut en consommer régulièrement pour permettre une bonne résistance osseuse. L'exercice a un effet bénéfique sur l'ossature de notre organisme et, suivant le type de sport pratiqué et les parties du corps sollicitées, l'effet sera davantage localisé aux membres supérieurs (ex.: le tennis) et/ou aux membres inférieurs (ex.: le ski).

Tableau 2

*Apport nutritionnel recommandé (ANR)
en calcium/jour*

Catégorie d'âge	mg/jour
6 à 9 ans	800
Plus de 10 ans	1300

Source: Santé Canada. *Aliments et nutrition. Apports nutritionnels de référence*, 2006.

Les recommandations sont identiques chez la fille et chez le garçon. Les réserves calciques se font tout au long de l'enfance et de l'adolescence pour culminer vers 18-20 ans. Si l'on manque de calcium dans notre alimentation, il s'ensuivra une faiblesse de la masse osseuse qui pourra être à l'origine de fractures. Quant au métabolisme du calcium alimentaire, son absorption se fait au niveau de l'intestin (de l'ordre de 30 % s'il s'agit de produits laitiers, de 5 % s'il s'agit d'un calcium d'origine végétale), puis il passe dans la circulation, est métabolisé par le foie et les reins grâce à la vitamine D, pour se répartir au niveau des os du squelette et des dents sous l'effet d'hormones spécifiques. S'il y a dysfonctionnement hormonal, comme c'est le cas parfois chez certaines athlètes, il y a un fort risque d'avoir des os moins solides, donc d'être plus sujets à des fractures. Les bonnes sources de calcium sont le lait, les fromages, les yogourts et autres desserts lactés (crème glacée) ainsi que les graines (amandes, pistaches, sésame, noix du Brésil, etc.) et même certains légumes (haricots, épinards, persil, cresson) et poissons.

Tableau 3
Liste des aliments riches en calcium classés par teneur décroissante (mg pour 100 g d'aliments)

Aliment	mg	Aliment	mg
Parmesan	1160	Olives	90
Graines de sésame	975	Noix	61
Gouda	920	Haricot vert	56
Sardine	380	Œuf entier cru	52
Amande	247	Brocoli cru	50
Persil	200	Céleri	43
Saumon	180	Thon	40
Yaourt	160	Orange	40
Poudre de cacao	140	Raisin sec	40
Pistaches	135	Lait de soja liquide	38
Jaune d'œuf	127	Laitue	37
Lait entier de vache	113	Poireau	31
Épinard	104	Carotte	30

Les principes généraux des besoins caloriques des jeunes athlètes

Compte tenu des poussées de croissance et de la puberté, les besoins nutritionnels sont particulièrement importants à cette période de la vie, aussi bien en énergie (calories) qu'en protéines, fer et calcium, sans oublier, bien sûr, les minéraux et les vitamines, tous nécessaires aux changements corporels. Les besoins caloriques sont élaborés en fonction de l'âge, du genre (féminin/masculin) et des phases de puberté que le jeune traverse. À ces besoins de base, on ajoute ceux nécessaires à la pratique sportive. Les besoins énergétiques journaliers chez les jeunes athlètes peuvent varier, **chez les filles**, de 2200 (besoin habituel d'une adulte) à 4000 calories et, **chez les garçons** sportifs, de 3000 (besoin habituel d'un adulte) à 6000 calories. Ces besoins sont grands et peuvent être difficiles à satisfaire. Aussi, on favorisera des choix alimentaires à haute teneur nutritionnelle, si possible sous un faible volume.

Les jeunes filles sportives vont fréquemment limiter leur apport énergétique, surtout les matières grasses (à moins de 15 % de leur besoin), de peur de prendre du poids, de changer de forme. En se mettant à la diète, elles risquent de perdre de la masse musculaire, de compromettre ainsi leurs performances sportives, mais également d'occasionner un ralentissement de la croissance et, s'il s'agit de jeunes filles pubères, d'un arrêt des menstruations. Chez les garçons, il faut également s'assurer que l'alimentation est optimale afin de favoriser une bonne récupération des stocks musculaires. Pour cela, on choisira des aliments riches en énergie et en nutriments, surtout lors de la poussée de croissance pubertaire. On ne maintient certainement pas un « poids santé » en se déshydratant ni en évitant toutes graisses. On peut cependant suggérer des produits laitiers écrémés (avec environ 1 à 2 % de matières grasses), de la viande maigre (ex. : le poulet sans sa peau, la dinde, du bœuf maigre) ou des poissons maigres tels que l'achigan, l'aiglefin, le doré, la sole, le turbo, etc. On peut aussi offrir des collations nutritives comme des laits fouettés ou des barres énergétiques qui vont combler leurs besoins.

Qu'il s'agisse de filles ou de garçons sportifs, **le stress** peut occasionner une perte d'appétit lors des compétitions. Une des solutions est de fractionner la prise alimentaire sous forme de petits repas fréquents ou de prévoir deux ou trois petites collations.

Voici ce que le *Guide alimentaire canadien* (dernière version 2007) recommande pour les jeunes en général chaque jour, en termes de nombre de portions dans les quatre groupes alimentaires (légumes et fruits, viandes et substituts, produits céréaliers, lait et substituts).

Tableau 4

Nombre de portions recommandées

Âge (ans)	ENFANTS		ADOLESCENTS	
	4-8	9-13	14-18	
Genre	Filles ou garçons		Filles ou garçons	
Légumes et fruits	5	6	7	8
Viandes et substituts	1	1-2	2	3
Produits céréaliers	4	6	6	7
Lait et substituts	2	3-4	3-4	3-4

Source : Santé Canada. *Guide alimentaire canadien*, 2007.

Pour mieux visualiser ce qu'est une portion, celle-ci devrait être de la dimension d'une paume de main, par exemple pour un adolescent, environ 90 g ou 3 onces, avec une épaisseur d'un doigt.

Dans le groupe des légumes et fruits, pour relever le « défi 5 »[1], c'est-à-dire prendre au minimum cinq portions de fruits et légumes par jour, on choisira de préférence à des jus, des fruits et une variété de légumes verts (brocoli, épinard, laitue, poivron, haricot, etc.) et oranges (carotte, patate douce), cuits, en soupe, à la vapeur, au four ou sautés plutôt que frits.

1. Voir le site web : www.defisante530.com.

Que trouve-t-on dans la boîte à lunch des jeunes pros? Des aliments qui fournissent des sucres (pâtes, pain, riz), un peu de protéines et pas trop de gras. On complétera les pertes énergétiques après les entraînements et les compétitions par des repas équilibrés où les sucres sont bien représentés. Les disciplines sportives de haut niveau exigent des apports nutritionnels[2] de grande efficacité énergétique sous un faible volume, comme nous l'avons souligné. L'erreur à ne pas faire est d'éliminer des aliments qui sont riches en fer, comme la viande, ou en calcium, comme les produits laitiers, sous prétexte de garder sa silhouette. En voulant trop se restreindre, au prix d'efforts monstres pour contrôler sa faim, on s'épuise, on compromet son métabolisme et, à la longue, sa croissance. L'organisme humain est une magnifique machine, il faut la respecter et on ne peut pas la malmener avec des régimes minceur, des repas sautés et des jeûnes sous prétexte d'atteindre le poids souhaité. Exit la pesée quotidienne. C'est une pratique à bannir. Les préoccupations exagérées qu'on peut avoir face au poids entraînent forcément des risques plus importants

---

2. *Remarques importantes*: Tous les renseignements fournis ici sont donnés à titre indicatif afin de faciliter la vie des parents et leur permettre de planifier des repas équilibrés pour la famille et ses jeunes sportifs. Cela ne doit pas être source d'obsessions ni d'inquiétudes. Si vous trouvez tout cela compliqué, faites-vous aider par une diététicienne ou consultez une nutritionniste qualifiée en sports. En cas d'allergies alimentaires, cela devient impératif. Il existe aussi de la documentation et des sites Internet (comme celui de l'Association canadienne des entraîneurs (www.coach.ca) qui fournissent des explications, menus et recettes applicables à différentes disciplines sportives.

de **désordres alimentaires**. Il faut donc répartir l'énergie et les nutriments tout au cours de la journée, tout au long de la semaine et tout au cours de l'année pour obtenir les meilleures performances et éviter la fatigue, les risques d'accident, les fluctuations du poids, les états dépressifs et le décrochage aux activités auxquelles le jeune sportif tenait. Cependant, il ne suffit pas d'être discipliné. Le repos est nécessaire, de même que le sommeil. De plus, une bonne planification des repas s'impose, que l'on soit à la maison (choix judicieux des aliments achetés à l'épicerie), au restaurant ou en déplacement. Cela permettra de bien manger, d'économiser du temps et de diminuer le niveau de stress.

Les principes généraux des liquides à ingérer

L'eau

Il est rare qu'on la considère comme un nutriment, puisqu'elle n'a aucune valeur calorique. C'est pourtant, après l'oxygène, le deuxième élément vital. La machine humaine a besoin d'eau. L'eau est partout dans notre organisme et circule librement dans les vaisseaux sanguins pour acheminer aux différents sites les nutriments qui y sont dissous (sucres, lipides, protéines, minéraux, vitamines, etc.). L'eau chez le jeune correspond à environ 60 à 75 % de son poids. Au cours du sport, la température corporelle monte et il y a surchauffe. L'eau présente dans l'organisme va capter cette chaleur et va la dissiper au niveau de la peau par la transpiration. Plus l'effort sera intense et soutenu, plus il y aura de sueur pour régulariser la température interne du corps. L'eau sert aussi de lubrifiant aux articulations, aux sécrétions du tube digestif, des voies respiratoires et à l'hydratation du cerveau. Quand on ne boit pas suffisamment, on se fatigue beaucoup plus vite, on est moins performant. Malheureusement, le réflexe de soif est un réflexe tardif, pouvant prendre parfois jusqu'à une journée pour se manifester. La commande vient de notre cerveau, en particulier de l'hypothalamus. Il ne faut pas attendre ce signal pour absorber de l'eau, sinon on est déjà déshydraté.

Lors d'exercices intenses, l'équilibre hydrique et ionique (qui tient compte des sels minéraux ou électrolytes, tels que le sodium, le potassium…) n'est pas toujours maintenu. Ainsi, un grand sportif peut perdre de 1 à 6 % d'eau (donc jusqu'à 6 % de son poids corporel) durant sa pratique, principalement par évaporation au niveau de la peau (la sueur, qui est faite d'eau et de sels), mais aussi par évaporation au niveau des voies respiratoires en ventilant plus vite. On appelle cela les pertes insensibles.

Le meilleur indicateur pour connaître l'état d'hydratation demeure la quantité d'urine et la couleur des urines. Si les urines se font rares et qu'elles sont foncées, c'est qu'on n'a pas suffisamment bu. Il s'agit donc d'une façon simple pour savoir si l'hydratation est suffisante ou non. Cela sert quelles que soient les conditions climatiques dans lesquelles on fait le sport, été comme hiver. Il faut donc boire tous les jours en bonne quantité. Pour éliminer les déchets de l'organisme, il faut faire le plein, davantage avant l'entraînement, pendant et après, afin d'arriver bien hydraté au moment de l'épreuve sportive et de bien récupérer par la suite. La plupart du temps, pour un effort qui dure moins d'une heure dans un environnement sans stress thermique, c'est-à-dire ni trop chaud ni trop humide, l'eau seule suffira. Par contre, si l'effort est soutenu au-delà d'une heure, on prendra certaines précautions : boire à petites gorgées de petites quantités de liquide. Il est ainsi préférable de boire plus souvent et peu à la fois. Le corps retient mieux l'eau qui lui arrive petit à petit plutôt qu'en grosse quantité. De plus, cela évite une plénitude gastrique et des ballonnements, ce qui arrive quand on boit de trop grands volumes et aussi lorsque les liquides sont trop sucrés. La boisson idéale dans un effort de courte durée est l'eau et quand l'effort est plus soutenu, il devrait s'y rajouter du sucre et du sel (exemple de formule maison simple d'eau additionnée de sucre : 50 g, soit 2 cuillerées à soupe par litre d'eau, et une pincée de sel, soit 500 mg de sodium). En vue d'une compétition, il faut avoir testé au préalable les liquides qu'on aime boire. C'est le goût qui va déterminer le choix de la boisson qu'on va consommer. En effet, si l'on n'aime pas la saveur, il y a de fortes probabilités qu'on n'en boive pas suffisamment. Ainsi, il faut savoir concilier hydratation et plaisir !

Il existe des **recettes maison** un peu plus sophisti-quées qui combinent moitié jus (de raisin, d'ananas, de pomme ou d'orange) et moitié eau, une pincée de sel et un soupçon de citron pour donner davantage de goût. Bien frais, ces breuvages sont parfaits pour l'hydratation du jeune sportif.

Toutes les recommandations prônées pour l'entraînement sont aussi valables le jour décisif de la compétition. Malheureusement, le stress inhérent à l'atteinte de la performance parfaite, ajouté aux horaires irréguliers et aux déplacements plus ou moins longs, complique la planification des repas et l'hydratation du jeune. On sera souvent amené à opter pour des **boissons énergétiques** (appelées aussi «**boissons sportives**») qui, à la fois, hydrateront et fourniront du carburant aux muscles. Consommées en petite quantité en pause boisson, elles éviteront au jeune d'être complètement à jeun ou de passer la journée sans vraiment rien de nutritif dans l'estomac.

On limitera la consommation de boissons gazeuses, de boissons aromatisées aux fruits, de punchs, de boissons sucrées. Elles sont riches en calories, tout en ayant une faible valeur nutritive.

En pratique

Quoi manger et quoi boire avant un effort physique intense, la journée même et après

Manger avant un exercice augmente les performances. Suivant le temps que l'on a devant soi, le volume des portions variera. Certains athlètes préfèrent de bon repas copieux pris quelques heures avant l'épreuve (ex.: œufs brouillés avec garniture de fromage, de jambon, des crêpes, un jus), d'autres auront l'appétit totalement coupé. S'il s'agit d'une activité très matinale, c'est parfois la veille au soir que l'on comblera les besoins énergétiques du corps, en apportant, par contre, une petite collation à prendre pendant le trajet ou au cours d'une pause santé. Cela peut être des fruits frais coupés, de petits légumes avec un berlingot de lait, un bagel avec du beurre d'arachide, un sandwich de saumon ou de thon, un yogourt additionné de fruits, un chocolat froid avec quelques biscuits, un muffin avec un jus et un morceau de fromage, un mélange de céréales sèches, des noix ou des graines que le jeune mangera sur le pouce. Il existe sur le marché une variété de barres énergétiques, que l'on peut consommer avant l'effort (contenant plus ou moins de miel, de produit de l'érable, de fibres, de fruits, d'amandes, etc.). Deux à trois heures avant une épreuve, certains prendront une à deux tasses de pâtes ou de riz, une petite portion de viande.

Boire de l'eau avant un exercice intense de courte durée est une recommandation impérative (voir le tableau 5).

Durant la compétition, on a le choix entre de l'eau (si l'effort dure moins d'une heure) ou encore entre un jus dilué moitié/moitié ou une boisson énergétique si l'épreuve est longue.

Dans l'heure qui suit la compétition, de l'eau suivie d'un lait au chocolat auquel on ajoute une portion de fruits (ex.: fraises ou canneberges) peut être une suggestion pratique.

Tableau 5

Détermination des besoins liquidiens des jeunes sportifs en fonction de leur poids

Planification des boires	Jeunes de moins de 40 kg	Jeunes de plus de 40 kg
1 à 2 heures avant l'activité	90 à 180 ml (3 à 6 onces)	180 à 360 ml (6 à 12 onces)
Pendant l'activité (aux 15 à 20 minutes)	90 à 150 ml (3 à 5 onces)	180 à 270 ml (6 à 9 onces)
Après l'activité (dans l'heure qui suit)	Jusqu'à 240 ml (8 onces)	Jusqu'à 360 ml (12 onces)

Source : Marielle Ledoux et coll. *Nutrition, sport et performance*. Vélo Québec Éditions, 2009.

Manger après, dans l'heure ou les deux heures qui suivent la compétition, par exemple une à trois tasses de pâtes ou de riz, de légumes ou une portion modérée de viande, la consommation d'aliments salés accélérant le processus de réhydratation. Et pourquoi pas une pointe de pizza aux tomates et au fromage ? Elle contient tous les ingrédients nécessaires à la récupération (glucides, calories, calcium, sels minéraux).

Il n'y a pas de règle qui s'applique à tous et toutes, on ajustera les portions et les menus suivant l'âge du jeune athlète, son genre (fille ou garçon), le type de sport, la durée de la compétition qu'il ou elle vient de faire et sa tolérance gastrique. Les erreurs les plus communes restent le manque de liquide et le manque de sel, surtout quand le sport est pratiqué dans un environnement chaud et humide. Comment cela se manifeste-t-il? Le jeune athlète sera déshydraté (langue sèche, salive épaisse) et se plaindra de fatigue, de crampes, de points de côté, d'étourdissements, de maux de tête, etc.

Faut-il suggérer à nos jeunes sportifs des boissons énergétiques (du type Gatorade®, Powerade®, etc.)?

Non, si l'activité dure moins d'une heure et que la pratique se fait dans un environnement frais, à intensité moyenne. **Oui**, si l'activité aérobique est d'intensité plus soutenue (ex.: natation, tennis, etc.). On peut alors opter pour les boissons énergétiques de marque commerciale, qui sont des solutions bien équilibrées. Que le jeune préfère les boire pures ou diluées, c'est le résultat qui compte: qu'il s'hydrate! Les sportifs refusent les solutions qui ont mauvais goût et les préférences sont très différentes d'un individu à l'autre. Il est donc important de tenir compte du goût et des saveurs des boissons proposées aux sportifs. C'est aussi pourquoi on ne fera aucun essai de nouvelle boisson le jour d'une compétition.

Des situations particulières

Les substances ergogéniques. En a-t-on réellement besoin pour performer?[3]

Ce sont des substances qui sont censées améliorer la performance sportive. Qu'elles soient en liquide, en gelée,

---

3. Le dopage ne sera pas traité ici.

en barre, en poudre, il en existe de nombreuses sur le marché (ex. : la créatine, les suppléments protéinés, etc.). Nous n'aborderons ici que celles qui contiennent de la caféine, une des « drogues » les plus utilisées dans le monde, souvent sans que le jeune le sache. On en retrouve dans le café, le thé et d'autres boissons, et même certains aliments. La caféine est employée pour améliorer l'état de vigilance, la concentration, le temps de réaction et le niveau énergétique. Les personnes qui en prennent se sentent plus fortes et plus compétitives. Elles ont l'impression que leur seuil de fatigue est reculé. De plus, la caféine a des effets métaboliques au niveau du tissu graisseux et des muscles. Elle améliore ainsi la mobilisation et l'utilisation des acides gras et permet d'épargner les réserves en glycogène musculaire. D'où le retard dans les signes d'épuisement. La caféine a été bien étudiée pour tous ses effets physiologiques. Consommée à grandes doses, en particulier chez des jeunes non accoutumés et qui y sont plus sensibles, la caféine provoque des signes d'intoxication avec nervosité, agitation, tremblements et insomnie. Elle agit également comme un diurétique et, en faisant uriner davantage, amène un risque de déshydratation chez l'athlète et de surchauffe quand le sport se pratique dans une température chaude. De plus, l'usage régulier de caféine fait courir un risque de dépendance, l'arrêt brutal pouvant occasionner des migraines, une irritabilité et des problèmes gastro-intestinaux.

À l'heure actuelle, on peut également s'inquiéter de la consommation de **boissons énergisantes** par les jeunes.

L'étiquetage et le marketing des boissons énergisantes dissimulent parfois les noms de Guarana et d'Yerba maté, deux plantes d'Amérique du Sud qui contiennent deux fois plus de caféine que le café. On retrouve également à l'intérieur de ces boissons de la taurine, de la carnitine, des vitamines, des minéraux, des glucides (sucrose-fructose équivalant entre 5 et 13 carrés de sucre, donc beaucoup de calories), du ginseng, du ginkgo biloba, de l'échinacée, etc. Or, ni leur efficacité ergogénique ni leur innocuité n'ont été démontrées.

Les recommandations officielles de Santé Canada[4] seraient de ne pas dépasser, pour un jeune adolescent, 85 mg/jour de caféine et, chez les plus jeunes, 2,5 mg/kg.

À titre de comparaison, une barre de chocolat de 40 g, suivant le type de fève de cacao utilisé, peut en contenir de 2 à 23 mg, une canette de thé glacé en contient en moyenne 12 mg, une canette de Coca-Cola®, 35 mg, une tasse de thé, 50 mg, une tasse de café, 80 mg et, **dans une boisson énergisante**, on peut en trouver de 80 à 180 mg, soit de 1 à 2 expressos d'un coup. Différentes **boissons gazeuses énergisantes** au slogan évocateur sont proposées aux jeunes : Cocaïne®, Red Bull®, Burn®, Rocks Energy Drinks®, Rock Star®, Monster Energy®, No Fear®, Xola®, Full Throttle®, Guru®, etc., de même que des boissons « antidotes », comme Slow Cow®, pour calmer les nerfs. Toutes bien préparées, bien emballées et alignées sur les tablettes des épiceries et des distributrices,

---

4. Voir le site à l'adresse : www.hc-sc.gc.ca

elles sont fort attrayantes pour les ados, cette population vulnérable ciblée par les fabricants. À des fins de performance, la norme sociale incite les jeunes à en consommer. Il est bon que les adultes qui entourent le jeune athlète (parents, entraîneur…) soient vigilants, surveillant son alimentation, son hydratation et l'éduquant, en le mettant en garde contre ces petits *boost* artificiels. Pour ajouter à la confusion, il existe des boissons dites « hybrides » (ex.: Reload®) à la limite entre boissons énergétiques et boissons énergisantes.

Dans nos pays, c'est un marché croissant, très lucratif, qui fait concurrence à celui de l'eau, du lait, des jus et des boissons gazeuses, et cette tendance de consommation est inquiétante pour notre santé.

Le végétarisme. Jusqu'où peut-on aller quand on est un sportif?

Tous les types de végétarismes ne sont pas identiques. Ceux et celles qui optent pour un régime lacto-ovo-végétarien verront globalement leurs besoins essentiels couverts grâce à leur consommation de produits laitiers et d'œufs. Mais le fait de manger beaucoup de fibres (fruits, légumes, légumineuses, céréales) peut diminuer leur apport calorique total. Quant aux végétarismes stricts, tels que le végétalisme et le régime macrobiotique, ils mettent les individus à risque de déficits en acides gras essentiels oméga 3, en fer, en calcium, en zinc, en vitamine D, en vitamine B_2 (riboflavine) et en vitamine B_{12}. Certaines personnes suivent des régimes semi-végétariens, excluant tel ou tel aliment. Dans tous les cas, une **consultation auprès d'une nutritionniste** est souhaitable afin d'équilibrer les menus et respecter la croissance normale du jeune.

Dans les sports où la sveltesse est recherchée, on verra certaines athlètes aller jusqu'à se priver volontairement de viande, les entraînant dans la spirale d'une triade de symptômes, à savoir troubles du comportement alimentaire (anorexie, boulimie, etc.), irrégularités menstruelles et insuffisance de la masse osseuse. En raison de cette association possible, famille, entraîneur et médecin se doivent d'être vigilants, de dépister à temps ces carences alimentaires et de s'assurer ainsi du maintien d'un «poids santé» pour la jeune athlète.

CHAPITRE 4

L'exercice pour les 6 à 12 ans

Par Stéphane Lamy

Depuis l'aube des temps, les êtres humains ont toujours eu à fournir un effort pour combler le moindre besoin : se nourrir, se protéger des intempéries et des prédateurs, et se déplacer pour suivre les grandes migrations. Courir, grimper, sauter, lancer, nager étaient des activités qui non seulement étaient nécessaires à la survie des individus, mais qui garantissaient également la survie du clan. Avec l'industrialisation de notre société, nous sommes devenus de plus en plus sédentaires et l'exercice physique a été relégué au rang des activités que l'on pratique quand l'horaire s'y prête. Le seul groupe d'âge épargné, du moins jusqu'à récemment, était celui des enfants. En effet, le jeu libre a toujours été une source de développement phénoménale pour les enfants, leur permettant de croître en force, en endurance, en équilibre et en coordination, bref, de développer toutes les qualités nécessaires au bon fonctionnement du corps.

Le XXIe siècle a cependant vu le développement de nouvelles technologies de l'information et la création de jeux vidéo de plus en plus attrayants qui éloignent les enfants de leurs tendances naturelles. Les familles doivent, de plus, composer avec un environnement moins propice au jeu en plein air et avec un horaire serré, ce qui rend la planification des périodes de jeu plus complexe. Face à cette situation, certains parents ne peuvent assurer une dose quotidienne d'exercice et de jeu à leurs enfants, les privant ainsi des mécanismes qui assurent une croissance équilibrée. Pour la première fois dans l'histoire de l'humanité, les enfants ne peuvent développer les habitudes de vie qui ont permis à leurs ancêtres de survivre et prospérer. Par contraste, certains enfants sont exposés à un entraînement spécifique à un sport, et ce, de plus en plus jeunes ; on peut certainement se demander si cette exposition à des stress répétés avec peu de temps pour récupérer est souhaitable.

Pour tenter de trouver le juste milieu entre ces deux extrêmes, il est utile de se familiariser avec les mécanismes d'adaptation du corps face à l'exercice. Prenons par exemple un exercice durant lequel on soulève un poids de 3 kg avec un bras. La première session d'exercice sera suivie d'une raideur musculaire et de fatigue en raison des microdéchirures au sein du muscle et du tendon responsables du mouvement. Le corps réagira alors en stimulant la réparation des cellules endommagées par l'exercice ; le tendon et le muscle deviendront plus gros et plus forts. Un stress est aussi appliqué sur l'os par le biais du tendon et l'exercice va stimuler la croissance de l'os pour répondre au stress exercé. Le système nerveux, quant à lui, devra s'adapter pour conduire l'influx nerveux de façon plus efficace et, ainsi, diminuer l'effort de concentration nécessaire pour effectuer le geste. Toutes ces adaptations ont lieu sur une période plus ou moins longue après un exercice donné et certains exercices ont plus d'impact sur un système que sur un autre (système musculaire, système nerveux, système cardio-vasculaire, etc.). La raison d'être de ce processus est de rendre le corps plus efficace et moins susceptible de souffrir lorsqu'il rencontrera à nouveau ce stress.

> **Pour résumer :**
> Stress (exercice) ⟶ lésions des tissus ⟶ adaptation à ce stress ⟶ exercice qui devient plus facile

Il est important de noter que ce processus est beaucoup plus complexe et varie d'un tissu à l'autre, mais nous observons, en général, le même comportement dans tout le corps. De plus, de 6 à 12 ans, les enfants sont en pleine croissance et cela rend l'étude de l'effet de l'exercice chez ce groupe d'âge très difficile ; le corps est en effet sollicité pour répondre aux besoins de l'exercice et de la croissance en même temps. Un bon exemple de cela est la croissance osseuse : quel que soit le niveau d'activité des enfants, les os vont grandir et épaissir. Il est cependant très important de fournir assez de stress aux os, par le biais d'exercices, pour que la croissance osseuse soit optimisée. Encore une fois, le stress imposé sur les tissus devient important. Il l'est d'autant plus que le capital osseux (la quantité maximale d'os que notre squelette contient) est complété à la fin de l'adolescence et à la période critique qu'est la prépuberté ; la masse osseuse qui n'a pas été créée à l'enfance et à l'adolescence ne le sera jamais et cela est particulièrement important pour les jeunes filles, qui seront menacées par l'ostéoporose plus tard. Plus le capital osseux est important, moins grandes seront les chances de développer cette condition. Il y a donc une forte interaction entre les processus normaux de la croissance et l'exercice physique.

Il faut finalement retenir que ce processus de réparation ne se fait bien qu'en présence d'un repos suffisant et d'une nutrition saine et équilibrée. Un manque de sommeil ou une carence alimentaire, ou encore un surentraînement qui produit un stress trop important, entraînera tôt ou tard un déclin dans les performances ainsi que l'apparition de douleurs et de traumatismes plus ou moins importants. Il faut donc rester vigilant dans notre rôle de parent et questionner les jeunes lorsque des douleurs apparaissent de façon insidieuse.

Recommandations

Quoiqu'il soit difficile de donner des chiffres exacts quant à la fréquence, le type et la durée des activités physiques que les jeunes doivent pratiquer, on peut émettre certaines lignes directrices soutenues par la littérature scientifique.

- **Exercices cardio-vasculaires** : 3 à 4 sessions de 60 à 90 minutes d'exercice cardio-vasculaire par semaine à

une intensité équivalente à 80 % de la fréquence cardiaque maximale, celle-ci étant déterminée par la formule
suivante : 220 - âge = fréquence cardiaque maximale.
Un enfant de 10 ans a donc une fréquence maximale
(approximative) de 210 battements cardiaques par
minute, et devrait viser une intensité équivalente à
80 % de ce chiffre, soit 168 battements. Vous pouvez
mesurer la fréquence cardiaque en prenant le pouls au
poignet pendant 15 secondes et multiplier ce chiffre
par 4. Exemples d'activités pouvant amener l'effet
désiré sur le plan cardio-vasculaire : natation, course,
vélo, basketball, soccer, danse, etc.

• **Exercices qui augmentent la masse musculaire** : chez
les adultes, on pense au centre d'entraînement du
quartier ; les enfants, pour leur part, ont leurs modules
de jeu qui permettent à leurs muscles de travailler
contre résistance en poussant, en grimpant et en tirant.
On recommande deux à trois sessions par semaine. Il
faut noter que plusieurs sports d'équipe fournissent
l'occasion de remplir l'objectif visé et sont des formes
d'exercice valables ; le soccer, par exemple, où il faut
frapper le ballon avec le pied, le football, où il faut
pousser ses adversaires ou bloquer, et le hockey, où
il faut manœuvrer le bâton et lancer la rondelle.

• **Exercices de mise en charge** (incluant des sauts ou
de la course) ou pratique d'un sport qui nécessite des
contractions musculaires importantes contre résistance (tel que décrit au point précédent) au moins trois
jours par semaine. Cela aidera à stimuler la croissance

osseuse. Il est important de noter que le vélo et la natation sont moins efficaces à ce chapitre, car le corps n'entre pas en contact avec le sol directement et les forces appliquées sur le squelette sont légèrement moindres ; toutefois, ils restent d'excellents exercices qui apportent d'autres bénéfices.

- **La pratique régulière d'activité physique** permet de réduire l'anxiété et les signes et symptômes de la dépression, d'augmenter la confiance en soi et d'améliorer la concentration, la mémoire et les performances scolaires. Certaines études américaines suggèrent même que de 20 à 60 minutes d'exercices vigoureux avant le début des classes chaque jour pourraient améliorer la performance académique.

- Pour les enfants participant à un programme d'entraînement associé au sport d'élite, **le renforcement musculaire** ne devrait débuter qu'après l'âge de 7 ans, et seulement sous stricte supervision. En effet, outre les risques de blessures associés au geste technique effectué, le volume d'exercices doit être supervisé et être progressif. Le gain de masse musculaire ne devrait pas être un objectif jusqu'à l'adolescence en raison de l'absence de certaines hormones dans le sang des jeunes de 6 à 12 ans qui rendent possible les gains appréciables en masse musculaire. Une ligne directrice devrait permettre de débuter avec 1 à 3 séries de 8 à 15 répétitions d'un exercice, sans utilisation de poids additionnel jusqu'à ce que le geste soit maîtrisé. Un poids peut ensuite être ajouté, mais toujours en assurant la qualité du geste technique et en respectant un nombre de répétitions assez élevé (8-15 répétitions). Les séances d'entraînement devraient être séparées d'au moins 48 heures, avec une fréquence maximale de 2 à 3 fois par semaine, et inclure de 6 à 8 exercices visant les groupes musculaires importants du haut et du bas du corps. Inutile de mentionner que ces exercices devraient être supervisés par un adulte compétent.

• **Certains signes de surentraînement à surveiller** : des douleurs musculaires ou articulaires qui ne disparaissent pas en 48 heures, une augmentation du rythme cardiaque au repos, un déclin des performances et une sensibilité accrue aux infections en général (due à une faiblesse du système immunitaire) ainsi qu'une fatigue générale en dépit d'une bonne période de repos.

Il est important de noter que les différentes formes d'exercice décrites précédemment peuvent être combinées. Ainsi, 60 minutes au module du parc permettront aux jeunes de faire de l'exercice contre résistance (donc d'augmenter leur masse musculaire et de stimuler leur croissance osseuse), de peaufiner leur équilibre et d'améliorer leur santé cardio-vasculaire (si l'exercice est soutenu pour de bonnes périodes de temps). Il en va de même pour plusieurs sports d'équipe tels le soccer, le hockey, la ringuette, qui sollicitent plusieurs aptitudes physiques décrites plus haut. **L'important est d'obtenir au minimum 60 minutes d'exercice par jour, et ce, de 6 à 7 jours par semaine.** Il est, de plus, fortement recommandé d'exposer les jeunes à une grande variété d'activités sportives pour s'assurer qu'ils profitent des caractéristiques particulières de chacun de ces exercices et qu'ils puissent choisir plus tard l'exercice qui leur convient respectivement le mieux parmi un vaste répertoire. Il a été démontré dans plusieurs études que les habitudes d'activité prises à l'enfance ont beaucoup plus de chance de rester à l'adolescence et à l'âge adulte, surtout si les parents montrent l'exemple. Nous pourrons ainsi compter sur une autre génération d'individus sains de corps et d'esprit.

CHAPITRE 5

Les blessures fréquemment rencontrées en médecine pédiatrique

Par Lydia Di Liddo

Les parents d'enfants sportifs sont confrontés à deux types de blessures : les blessures aiguës et les blessures de surutilisation. Les blessures aiguës sont les entorses, les fractures, les ecchymoses et les lésions musculaires. L'entorse de l'adolescent jouant au parc n'est pas différente de l'entorse du joueur de basketball de haut niveau. La prise en charge est la même et les médecins, thérapeutes et entraîneurs sont souvent plus à l'aise avec la prise en charge initiale de ce type de blessures. Un type de blessures plus méconnu est, par contre, la blessure de surutilisation (ex.: tendinopathie, fracture de stress, problème articulaire…). Pourtant, avec l'augmentation de la participation des jeunes dans les sports organisés, nous savons que ce type de blessures est en constante augmentation. De plus, si ces blessures sont ignorées, elles peuvent avoir des conséquences sur la croissance à long terme. C'est donc cette catégorie de blessures et sa prévention que nous aborderons plus précisément tout au long de ce chapitre.

L'enfant est-il un petit adulte ?

Non ! La principale différence entre l'enfant et l'adulte sur le plan musculo-squelettique est la présence de plaques de croissance au niveau des différents os. C'est le maillon faible de la chaîne muscle-tendon-os et c'est fréquemment le site atteint lors des blessures aiguës et chroniques. Une lésion au niveau de la plaque de croissance peut avoir des séquelles sur la croissance à long terme.

Quel genre de conséquences un entraînement intensif peut-il avoir ?

Les blessures de surutilisation sont causées par des microtraumatismes répétitifs au niveau des différents tissus (os, tendons, plaques de croissance) accompagnés d'une période de récupération insuffisante. Tous les mouvements répétés de façon excessive peuvent mener à ces microtraumas : lancer au baseball, service au tennis ou volleyball, hyperextension du dos en gymnastique. Les blessures de surutilisation étaient initialement considérées comme inévitables et inhérentes au sport de compétition. Nous savons maintenant qu'il existe des facteurs de risque pour ce type de blessures et qu'elles peuvent donc être prévenues.

Y a-t-il des facteurs mettant plus à risque un enfant qu'un autre d'avoir une blessure de surutilisation ?

Les spécialistes en médecine sportive ont identifié des facteurs de risque spécifiques :

Facteurs de risque intrinsèques à l'enfant

- Croissance (cartilage de croissance, facteurs hormonaux).
- Blessure antérieure (guérison et réhabilitation inadéquate).
- Déconditionnement (ex. : l'enfant sédentaire qui débute subitement un entraînement intensif.
- Anomalies anatomiques (raideurs musculaires, problèmes d'alignement des membres inférieurs, anomalies des pieds…).
- Facteurs nutritionnels (apports caloriques insuffisants, manque d'hydratation).

Facteurs de risque extrinsèques à l'enfant

- Erreurs d'entraînement (trop d'entraînement, trop vite, repos insuffisant).
- Surface ou équipement de jeu inadéquats (chaussures usées, raquette trop grande).
- Mauvaise technique.

Quand mon enfant ressent une douleur, que puis-je faire à la maison ?

RICE est la pierre angulaire de l'autotraitement de la plupart des blessures aiguës en médecine sportive.

Le traitement de plusieurs pathologies de surutilisation se résume en quelques grandes lignes. Cette prise en charge initiale devrait débuter dans les 15 à 20 minutes suivant la blessure. Tout délai peut influencer le pronostic à long terme. Il ne sert à rien d'attendre la consultation médicale avant de débuter ces étapes.

- **Repos relatif** : diminuer le niveau d'entraînement et mettre l'articulation douloureuse au repos dès l'apparition des premiers symptômes ou au moment de la blessure.

- **Ice-Glace** : refroidir rapidement la blessure afin de diminuer le gonflement, le saignement, la douleur et l'inflammation en appliquant de la glace dans une serviette mouillée. L'application de glace devrait être effectuée le plus souvent possible dans les premières 72 heures et devrait durer environ 10 à 15 minutes.

- **Compression** : faire la compression avec un bandage élastique, en partant de l'extrémité distale du membre blessé vers la partie proximale. Il faut s'assurer que le bandage n'est pas appliqué de façon trop serrée.

- **Élévation** : le membre douloureux devrait être maintenu élevé plus haut que le cœur pour les premières 24 à 72 heures.

Par ailleurs, l'acétaminophène et l'ibuprofène peuvent aider à diminuer la douleur. Des études semblent démontrer que l'ibuprofène est le médicament le plus efficace pour réduire la douleur. Il peut être acheté en pharmacie sans ordonnance.

Dès que l'enfant ressent une douleur, il devrait s'arrêter ou se reposer jusqu'à la résolution des symptômes. Plus le niveau de compétition est élevé, plus la pression de performance l'est aussi et plus les symptômes seront minimisés par l'enfant ou banalisés par le parent ou l'entraîneur. Il peut s'ensuivre une blessure de surutilisation pouvant être parfois longue à guérir. La spécialisation trop précoce à un sport unique dans la vie de l'enfant est un facteur favorisant les blessures de surutilisation, car certaines articulations (en croissance !) sont sollicitées de façon répétitive.

Blessures de surutilisation fréquemment rencontrées

Membres supérieurs

Épaule

L'articulation de l'épaule est la plus mobile de l'organisme. Elle doit permettre une grande amplitude de mouvement tout en étant stable. L'épaule tire sa stabilité des éléments qui l'entourent, à savoir les ligaments et les muscles. Cet équilibre précaire explique les problèmes d'instabilité souvent rencontrés. L'instabilité de l'épaule est une pathologie fréquente chez le sujet jeune et sportif, et peut s'exprimer cliniquement de plusieurs façons : luxation, subluxation ou simple douleur au mouvement du lancer. Soit il s'agit d'épisodes de luxation de l'épaule avec une éventuelle intervention d'un tiers pour la réduire, soit de subluxations qui se remettent en place spontanément au bout de quelques secondes. Mais il peut s'agir également d'une simple douleur de l'épaule ou d'une appréhension survenant dans certaines positions seulement, notamment durant les mouvements se déroulant au-dessus des épaules (exemple : service au tennis). Chez les enfants, les muscles de la coiffe des rotateurs (ensemble de muscles entourant l'épaule) sont souvent faibles et l'humérus (os du bras) est attiré vers le haut. Celui-ci se bute à l'acromion (appendice osseux de l'omoplate), accrochant au passage les tendons et bourses de cette région (tendinopathie/bursite).

Chez les patients particulièrement jeunes, il peut y avoir une hyperlaxité ligamentaire généralisée qui favorise l'instabilité de l'épaule. Un traitement de physiothérapie sera basé sur le renforcement des muscles entourant l'épaule. Le traitement chirurgical est habituellement indiqué quand la fréquence des luxations ou l'appréhension nuisent à la vie quotidienne ou à la pratique sportive. Il est important de corriger la technique sportive en plus de la physiothérapie dans les cas d'instabilité et de tendinopathie.

Une des particularités des problèmes d'épaule chez les enfants sportifs est l'« épaule des ligues mineures » *(little league shoulder)*, qui consiste en une surutilisation du cartilage de croissance de l'humérus au niveau de l'épaule chez le joueur de baseball. Elle se présente par une douleur au niveau de l'épaule ou du bras qui est augmentée par les lancers répétés (principalement au baseball, mais aussi au tennis et au volleyball). Le principal traitement est le repos pour permettre à la plaque de croissance de guérir. La physiothérapie peut, dans un deuxième temps, renforcer les muscles de l'épaule et éviter la récidive de la blessure. La reprise des lancers doit être effectuée progressivement quand la douleur est résolue et que l'amplitude articulaire de l'épaule est redevenue normale.

Coude

Dans les douleurs du coude chez l'enfant et le jeune adulte, on retrouve deux causes principales : l'ostéochondrose disséquante et la *little league elbow*.

Ostéochondrose disséquante du coude

Ce trouble de l'ossification est aussi appelé « maladie de Panner ». Sa cause est inconnue ; des facteurs vasculaires et microtraumatiques ont été évoqués sans preuves concluantes. La maladie de Panner se retrouve chez des patients de moins de 10 ans et est la cause la plus fréquente des douleurs épicondyliennes chez l'enfant. Elle se présente comme une douleur du coude augmentée par les activités physiques avec, parfois, une perte d'amplitude de mouvement.

On la retrouve plus fréquemment dans les sports où il y a des chocs répétés sur les mains ou les bras tendus (danse, gymnastique). Sur les radiographies, on distingue une irrégularité ou une fragmentation du noyau d'ossification du capitellum. Le traitement comporte du repos et l'évitement des activités de lancers. L'évolution naturelle se fait vers la guérison dans la majorité des cas. Les séquelles restent rares.

LITTLE LEAGUE ELBOW

Une pathologie de surutilisation du coude décrite principalement aux États-Unis est le « coude des ligues mineures » *(little league elbow)*. Cette pathologie survient essentiellement dans les sports de lancers (baseball), au niveau du bras dominant. Ce sont les enfants de 10 à 15 ans qui sont les plus atteints. Les lanceurs de cet âge ont une articulation immature, avec des plaques de croissance encore ouvertes. Lors de la phase d'accélération du bras du lancer, le coude est soumis à une contrainte qui entraîne une tension sur la formation ligamentaire interne et une compression sur les structures osseuses externes. L'étirement des ligaments internes (épicondyle médial) peut même aller jusqu'à un arrachement osseux partiel. La douleur du coude est habituellement progressive et augmente avec la répétition des lancers. Une douleur aiguë peut se surajouter lors d'une chute ou lors d'un lancer. Elle peut être associée à une diminution de la mobilité du coude ou une sensation de blocage ainsi que des crépitements (possible détachement de cartilage articulaire). Le traitement principal passe par le repos et le protocole RICE décrit précédemment. Le traitement chirurgical est réservé aux cas avec arrachement osseux déplacé. Il est important que les parents, l'enfant et l'entraîneur soient sensibilisés à ce problème pour éviter que les douleurs ne reprennent après le retour au jeu (techniques, nombre de lancers maximum par semaine). Si ce problème est négligé, il peut s'ensuivre des problèmes de croissance à long terme, car la plaque de croissance est impliquée.

Dos

Les douleurs dorsales chez les enfants et adolescents sportifs ne doivent pas être prises à la légère. **Toute douleur localisée et qui persiste plus de quelques jours doit être évaluée par un médecin.** Contrairement aux lombalgies fréquentes et banales chez les adultes, les lombalgies de l'enfant et de l'adolescent peuvent parfois être le signe d'un problème sous-jacent important. Des douleurs nocturnes ou au repos doivent toujours être prises au sérieux et investiguées rapidement. Le spondylolisthésis est l'un des problèmes plus souvent retrouvés en médecine sportive.

Un spondylolisthésis est généralement défini comme un glissement d'une vertèbre par rapport à la vertèbre sous-jacente. Un défaut (une lésion ou fracture) unilatéral ou bilatéral de l'isthme interarticulaire sans déplacement de la vertèbre est un spondylolyse. L'isthme interarticulaire (*pars interarticularis*) est le segment osseux postérieur qui réunit les facettes articulaires supérieures et inférieures d'un corps vertébral. Il existe cinq types de spondylolisthésis, selon le degré de glissement de la vertèbre. La douleur apparaît le plus souvent à l'adolescence, pendant les poussées de croissance, et elle se manifeste essentiellement dans le dos, parfois dans les jambes. On retrouve cette pathologie plus fréquemment dans les sports exigeant une hyperextension du dos comme la gymnastique, l'haltérophilie, le tennis (service) et la natation (nage papillon). Les symptômes sont exacerbés par une activité intense ou dans des sports de compétition, et ils s'atténuent en période de calme ou de repos. Une sensibilité et des spasmes des muscles paravertébraux peuvent se manifester au niveau du défaut vertébral et des vertèbres adjacentes. Une douleur peut être provoquée et exacerbée par les mouvements d'extension. Dans les cas de spondylolisthésis, lorsque le glissement est marqué, une dépression appelée « marche d'escalier » devient palpable, la mobilité de la colonne lombaire est restreinte et une raideur des ischio-jambiers est évidente à l'élévation de la jambe tendue.

Le traitement est habituellement médical et consiste en une période de repos et de la physiothérapie (étirements ischio-jambiers et renforcissements des abdominaux). Certains cas particuliers peuvent nécessiter un corset lombaire et, exceptionnellement, une chirurgie pour les glissements sévères ou s'il y a présence (très rare) de symptômes neurologiques. De façon générale, il n'y a pas de raison de limiter l'activité physique d'un enfant porteur de spondylolisthésis si le déplacement est faible et asymptomatique, comme dans la majorité des cas.

Hanche

Les blessures de surutilisation de la hanche se retrouvent plus particulièrement dans certains sports comme le hockey, le soccer et la danse. Les tendinopathies des différents muscles de la hanche se présentent par une douleur inguinale progressive, accentuée par l'effort (souvent lors d'une élévation du genou avec flexion répétée de la hanche). La douleur peut parfois être ressentie en palpant les insertions tendineuses au niveau de l'aine. Le traitement passe habituellement par une période de repos, de la physiothérapie (étirements) et une correction du geste sportif s'il y a lieu. Des douleurs persistantes, nocturnes et non améliorées par le repos sont toujours suspectes et méritent une consultation médicale rapide.

Une autre douleur parfois ressentie chez le jeune athlète, et particulièrement chez les danseurs, est une sensation de déboîtement de la hanche appelée «ressaut». Il en existe deux types : le plus fréquent est ressenti sur la face extérieure de la hanche et l'autre, sur la partie antérieure de l'aine. Il s'agit d'un problème bénin, mais qui peut parfois être douloureux et problématique s'il s'associe à une tendinopathie ou à une bursite. Un déséquilibre entre les différents muscles de la hanche est habituellement en cause. Une période de repos suivie d'une période de physiothérapie est recommandée.

Membres inférieurs

Genou

MALADIE D'OSGOOD-SCHLATTER

La maladie d'Osgood-Schlatter est une cause fréquente de douleur du genou chez le grand enfant et l'adolescent sportif. Elle affecte essentiellement le jeune garçon sportif entre 12 et 15 ans, lors de la période de croissance. C'est une surutilisation de l'insertion du tendon de la rotule au niveau de la partie supérieure du tibia. Elle est surtout rencontrée dans les sports requérant des squats fréquents et des coups de pied (tennis, soccer...). Les athlètes se plaignent principalement d'une douleur à la face antérieure du genou, exacerbée par le sport, et d'une douleur pouvant être parfois exquise à la palpation du tibia, près du genou. Le traitement est constitué de repos, de la diminution des mouvements aggravants et d'étirements des muscles de la cuisse. Il convient, même après la disparition de toute douleur, d'être prudent dans la reprise de l'activité sportive, et cela tant que la croissance n'est pas achevée; il faut aussi diminuer l'activité dès la réapparition des symptômes. Toutes les activités sans sollicitation importante des membres inférieurs peuvent être pratiquées; la natation ainsi que le vélo, pratiqués de manière modérée, sont conseillés. Le maintien de la souplesse des muscles de la cuisse permet une sollicitation moins importante du tendon, et donc, du point d'insertion. Des radiographies sont parfois effectuées, mais ne sont pas indispensables. Des traitements symptomatiques comme des analgésiques (acétaminophène, ibuprophène) et l'application locale de glace peuvent aider lors des exacerbations. La maladie d'Osgood-Schlatter est bénigne et évolue sans séquelle après l'arrêt de l'activité sportive dans plus de 90 % des cas. Si le repos sportif est respecté, la guérison se fait habituellement en quelques mois, mais demande parfois plus de temps. Les douleurs peuvent quelquefois persister un ou deux ans. La physiothérapie peut être bénéfique avec des exercices d'étirements et de renforcements.

Maladie de Sinding-Larsen-Johansson

La maladie de Sinding-Larsen-Johansson est l'équivalent de la maladie d'Osgood-Schlatter, mais au pôle inférieur de la rotule. Il s'agit d'une souffrance qui va de l'origine du tendon rotulien à la pointe de la rotule. Elle est beaucoup moins fréquente que la maladie d'Osgood-Schlatter. Cette pathologie survient chez des enfants âgés d'environ 11 ou 12 ans, avant la puberté. L'enfant se plaint d'une douleur en regard de la pointe inférieure de la rotule, d'apparition souvent progressive, avec une gêne lors de la pratique du sport, voire dans la vie courante. La palpation de la pointe de la rotule crée une douleur précise, avec parfois un gonflement. L'appui en flexion sur le membre inférieur déclenche également la douleur. Le traitement varie selon l'importance des signes. Le repos simple, sans sport pour une durée de quatre à huit semaines, est efficace. Comme pour la maladie d'Osgood-Schlatter, la bonne souplesse des muscles situés devant et derrière la cuisse est essentielle.

Jambe

Les principales causes de douleurs persistantes au niveau de la jambe sont la périostite du tibia et la fracture de stress.

PÉRIOSTITE DU TIBIA

Une douleur ressentie au niveau de la partie postéro-interne de la jambe (face plane du tibia) est causée par une inflammation du tissu qui recouvre le tibia (périostite). **La périostite tibiale** se rencontre surtout chez les coureurs, les joueurs de tennis, de volleyball, de basketball, de football et autres sports avec sauts. Le périoste est un tissu qui recouvre la surface de l'os ; il est riche en nerfs et en vaisseaux et se confond avec les insertions des muscles sur l'os. La douleur apparaît graduellement et est augmentée par les sauts, la course et les activités physiques. Les causes de périostites sont nombreuses : problème biomécanique du pied (pieds plats ou creux), chaussures inadéquates (support inadéquat, manque d'absorption), surface de course ou de jeu trop dure, augmentation trop rapide de l'entraînement, faiblesse et manque de souplesse musculaire. L'application de glace, le repos, la diminution de la charge d'entraînement de même que des exercices de renforcement et d'assouplissement appropriés permettent de récupérer de ce type de blessures.

FRACTURE DE STRESS

Une fracture de stress est un type de fractures incomplètes des os causées par un stress répété et exagéré.

Ce type de fracture peut être décrit comme une fine fissure d'un os. C'est une blessure sportive fréquente. Elle a surtout lieu sur les os qui supportent le poids du corps, tels les os des membres inférieurs : tibia, péroné et métatarses. Le plus souvent, la douleur se manifeste surtout en position debout. Elle est généralement très localisée sur un point précis de l'os. Au début, la douleur peut disparaître le lendemain de l'effort, mais finit par rester si l'activité est répétée. Pour vérifier la présence d'une fracture de stress, la radiographie n'est pas toujours efficace au début de la fracture, voire jamais dans certains cas. On peut donc utiliser la scintigraphie osseuse, la tomodensitométrie ou l'IRM pour faire le diagnostic. Le repos est la seule façon de guérir d'une telle fracture. Le temps de guérison varie de quatre à huit semaines. Les activités cardio-vasculaires sans mise en charge sont encouragées (natation, vélo stationnaire).

Cheville

ENTORSE DE LA CHEVILLE

L'entorse est la blessure la plus souvent rencontrée quand on parle de douleur aiguë de la cheville. Tel que mentionné précédemment, ce chapitre ne traitera que des pathologies de surutilisation. La Société canadienne de pédiatrie a développé des lignes de conduite pour la prise en charge de l'entorse de la cheville, disponibles sur son site web (en anglais).

BLESSURES DE SURUTILISATION

Les blessures de surutilisation de la cheville sont principalement des tendinopathies (anciennement appelées « tendinites »). Les tendons sont des cordons ou des bandes de tissus fibreux qui relient les muscles aux os. Les tendons transmettent aux os la force produite par les muscles afin de permettre le mouvement des articulations. Ces blessures sont plus fréquentes chez les adolescents et incluent les tendons des péronéens (face externe de la cheville), du tibial postérieur (face interne de la cheville) ou du tendon d'Achille (face postérieure de la cheville). Les tendinopathies se présentent habituellement de façon progressive à la suite d'un changement d'entraînement (technique, charge, répétitions, équipement, etc.). La douleur est initialement ressentie en fin d'effort, mais peut être éventuellement présente dès le début de l'activité et peut même empêcher l'effort si elle n'est pas traitée. La douleur est habituellement ressentie en palpant le tendon douloureux, en l'étirant ou en faisant une contraction résistée du muscle sur lequel il s'insère. Le traitement initial consiste en du repos, des étirements et autres modalités de physiothérapie, selon la tendinopathie précise. Si vous pensez que votre enfant a une tendinopathie qui ne répond pas rapidement à quelques jours de repos, il est préférable de consulter un médecin et/ou de voir un physiothérapeute.

Pied

Maladie de SEVER

La maladie de SEVER est une surutilisation du point d'insertion du tendon d'Achille au niveau du noyau de croissance de l'os du talon, le calcanéum. On retrouve ce problème plus souvent chez les garçons de 10-12 ans, mais aussi chez les filles de 8 ans. La douleur est graduelle et parfois bilatérale. Elle est augmentée par les sauts et la course prolongée, et s'atténue au repos. Des raideurs au niveau des mollets, un entraînement inadéquat, des chaussures incorrectes pour le sport ou trop usées peuvent tous être en cause. L'arrêt du sport et des activités physiques douloureuses est nécessaire, mais habituellement pas plus de quatre semaines. L'étirement du mollet semble apporter d'excellents résultats. L'utilisation de talonnettes amortissantes achetées en pharmacie est parfois utile.

Les fractures de stress

Elles sont en rapport avec des contraintes répétitives appliquées à un os normal. Ce surmenage mécanique fragilise temporairement l'os et, si le stress persiste, des microfractures peuvent survenir au niveau des sites de résorption, qui peuvent évoluer vers de vraies fractures si le patient n'est pas traité. L'apparition de la douleur est habituellement progressive, mais assez précise et localisée. Elle progressera si l'enfant n'est pas mis au repos. On peut les retrouver partout, mais elles sont en relation avec le type de sport pratiqué. Les localisations les plus fréquentes des fractures de stress sont les métatarses (longs os du pied) et le tibia. On les retrouve aussi au niveau du calcanéum (os du talon), du scaphoïde tarsien (en athlétisme, notamment en saut en hauteur), des sésamoïdes du gros orteil (en danse), etc. Les facteurs de risque sont : une augmentation subite de la charge d'entraînement (durée, intensité, répétitions), une technique ou un équipement inadéquat (ex. : chaussures de course usées). Les jeunes filles ayant des troubles de comportement alimentaire, une faible masse graisseuse et des irrégularités menstruelles sont aussi plus à risque. Leur densité osseuse est plus faible et les os, moins résistants. Les sports les plus à risque sont la danse, la gymnastique (sports esthétiques) et la course (sports d'endurance).

Une douleur localisée et progressive qui ne rentre pas rapidement dans l'ordre doit donc conduire à une visite médicale pour éliminer une fracture de stress. Le médecin pourra éventuellement effectuer des tests comme des radiographies simples, et même une scintigraphie ou une IRM, selon son degré de suspicion. Le traitement peut varier, selon la localisation de la fracture de stress, mais implique toujours une mise au repos plus ou moins longue et une certaine forme d'immobilisation, selon l'intensité des symptômes du patient.

Comment pourrais-je éviter que mon enfant développe des blessures de surutilisation ?

- Entraîneur qualifié (bases d'anatomie, physiologie, cours de premiers soins, savoir reconnaître les erreurs d'entraînement, techniques).
- Évaluation médicale de préparticipation (votre médecin peut alors identifier les caractéristiques de votre enfant pouvant favoriser certaines blessures telles que l'hyperlaxité).
- Équipement adéquat et bien ajusté (chaussures, casque, etc.).
- Bon niveau cardio-vasculaire (l'enfant épuisé à la fin d'un match est plus à risque de chuter et de se tordre une cheville !).
- Participation à un cours de préparation adapté à chaque sport : programme encourageant le développement de l'endurance, de la force et de la flexibilité de groupes musculaires spécifiques selon le sport (ex. : les épaules en ce qui concerne la natation).
- Environnement sécuritaire (terrain de jeu, salle d'entraînement...).

L'Association canadienne de médecine du sport et de l'exercice et l'Académie américaine de pédiatrie ont émis des recommandations pour prévenir les blessures de surutilisation et le surentraînement chez les jeunes sportifs :

1. Encourager les athlètes à avoir une à deux journées de repos par semaine.

2. Augmenter le volume d'entraînement de 10 % maximum par semaine.

3. Encourager deux à trois mois de repos par année pour éviter le surmenage (été, vacances scolaires).

4. Se rappeler que le jeune participe d'abord pour le plaisir et pour l'esprit sportif.

5. Encourager la participation à une seule équipe par année.

6. Être à l'écoute des plaintes non spécifiques (douleurs vagues et diffuses, fatigue, diminution des performances scolaires), qui peuvent être un signe de surmenage (surentraînement).

7. Sensibiliser les parents aux besoins d'hydratation et aux besoins diététiques ainsi qu'aux risques de fatigue et de blessures de surutilisation si leurs enfants participent à un tournoi intensif.

L'augmentation progressive de la charge de travail ne peut être trop soulignée. L'entraînement total ne devrait pas augmenter de plus de 10 % par semaine (intensité, fréquence, durée). Par exemple, l'adolescent qui court 10 km par semaine pourrait courir 11 km à la même vitesse la semaine suivante. Évidemment, ces chiffres sont des guides et doivent être adaptés à chaque enfant.

Qu'est-ce que le surentraînement?

Le surentraînement est ressenti par le sportif comme une grande fatigue associée à un manque de motivation. Le surentraînement est le reflet d'une trop grande sollicitation physique ou mentale. Les capacités d'adaptation sont alors dépassées. Le sportif ressent non seulement un manque d'envie de faire du sport, mais aussi un manque d'énergie. Il est parfois difficile de distinguer un état de surentraînement par rapport à de la fatigue normale. Pourtant, la détection précoce est indispensable pour prévenir les blessures ou l'abandon du sport. Les signes de surentraînement sont :

- **La démotivation**

  Ce sentiment peut s'installer progressivement. La pratique du sport devient un fardeau (ex. : l'athlète arrive en retard et souhaite la fin de l'activité).

- **La baisse de concentration**

  Elle se reflète par des modifications de la coordination visuelle et motrice et du temps de réaction.

- **Le changement d'humeur**

  Il peut s'agir d'un signal d'alarme important. Les sautes d'humeur inexpliquées peuvent coïncider avec l'augmentation d'entraînement : dépression, augmentation de l'anxiété, diminution de l'estime de soi, trouble du sommeil, changement d'humeur.

- **La baisse des performances sportives**

- **Les plaintes physiques**

  Il peut s'agir de crampes musculaires, d'une augmentation du nombre de blessures, de douleurs et de courbatures fréquentes, de fatigue, de rhumes plus fréquents (affaiblissement du système immunitaire).

Tous ces signes doivent être considérés comme des signaux d'alarme. Il n'existe pas de traitement médical du surentraînement. La seule façon de le soigner est de prendre du repos. Plus le sportif attend longtemps, plus le surentraînement est important et plus il faut de temps de repos pour retrouver un état normal. Certains parents peuvent favoriser le développement du surentraînement si leurs motivations dépassent ce que l'enfant peut supporter sur le plan physiologique et psychologique. Il est important de considérer toutes les activités sportives (y compris les cours d'éducation physique). Les risques sont accrus s'il y a plus de 10 heures d'entraînement par semaine chez un enfant de plus de 10 ans.

En conclusion, les pathologies de surutilisation sont fréquentes et la plupart se résolvent facilement par du repos et un retour au sport progressif et bien encadré. Il est essentiel d'adapter l'entraînement aux caractéristiques du jeune sportif afin de prévenir les blessures. Il faut, par contre, éviter de mettre toutes les douleurs sur le compte de la surcharge sportive, particulièrement si les douleurs sont ressenties au repos ou la nuit.

Bibliographie

ANDERSON, S.J. et S.S. HARRIS. *Care of the Young Athlete.* 2nd ed. Elk Grove Village: American Academy of Pediatrics, 2010.

BRENNER, S. J., MPH and the COUNCIL ON SPORTS MEDICINE AND FITNESS. « Overuse injuries, overtraining and burnout in child and adolescent athletes ». *Pediatrics* 2007 119 (6): 1242-1245.

BRUKNER, P. et K. KHAN. *Clinical Sports Medicine.* 3rd ed. New York: McGraw Hill, 2007.

MICHELI, J. L. et M. JENKINS. *The Sports Medicine Bible for Young Athletes.* Naperville, IL.: Sourcebooks Inc., 2001.

CHAPITRE 6

La commotion cérébrale

Par David Fecteau

La commotion cérébrale est une blessure fréquente chez l'enfant. En fait, elle compte pour plus de 10 % des consultations médicales. Plusieurs commotions ne sont pas reconnues, car les symptômes sont discrets et peuvent être attribuables à d'autres maladies (migraine, rhume, etc.). Il faut donc être attentif lorsqu'il s'agit d'identifier les athlètes qui ont subi une commotion afin de leur apporter les soins appropriés. Soulignons que depuis 2001, des chercheurs et des médecins spécialistes de cette problématique se réunissent aux trois à quatre ans pour produire un document résumant les derniers développements sur le plan scientifique.

Définition et symptômes

La commotion cérébrale est définie comme étant un processus physiopathologique complexe touchant le cerveau, induit par des forces biomécaniques traumatiques et entraînant l'apparition rapide d'une anomalie brève de la fonction neurologique qui se résorbe spontanément. Elle se produit à la suite d'un transfert d'énergie direct ou indirect au cerveau. Ce dernier apparaît anatomiquement normal à l'imagerie médicale, mais sa fonction est perturbée. La combinaison des symptômes ressentis est variable et peut inclure une perte de conscience ou non. Les répercussions s'observent dans la vie quotidienne, scolaire et sportive. Voici la liste des symptômes possibles :

Tableau 1

Symptômes de commotion cérébrale

Céphalée	Déséquilibre
Trouble de la mémoire	Émotivité accrue
Pression dans la tête	Sensibilité à la lumière
Trouble de la concentration	Difficulté à s'endormir
Douleur cervicale	Sensibilité au bruit
Se sentir assommé	Irritabilité
Nausée et vomissement	Sensation de brouillard
Fatigue	Anxiété
Étourdissement	Sensation d'être ralenti
Confusion	Tristesse
Vision embrouillée	Somnolence

Source : Inspiré du SCAT 2 (consulter l'Annexe 2 à la page 184).

L'œdème cérébral diffus est une complication rare qui peut se produire à la suite d'un traumatisme crânien. Cet événement semble se produire chez les athlètes qui subissent un deuxième coup à la tête sans avoir récupéré d'une commotion précédente. Le cerveau immature des enfants semble plus à risque de connaître cette complication.

Que faire en cas de commotion ?

Les systèmes de classification des commotions cérébrales ont été abandonnés puisqu'ils ne permettaient de prédire ni la sévérité ni la récupération. L'enfant ou l'adolescent qui subit un coup à la tête devrait être retiré du jeu. Il devrait aussi être accompagné par un adulte responsable afin d'être évalué par un médecin. En questionnant et en examinant le patient, ce dernier peut éliminer ou suspecter la présence d'un saignement dans la boîte crânienne. Si une suspicion de saignement persiste après l'examen médical, l'enfant sera référé à l'urgence pour que des tests plus poussés (une tomographie cérébrale) soient effectués.

Il n'est cependant pas nécessaire de faire une imagerie cérébrale à tous les enfants souffrant de commotion. Un outil nommé SCAT 2 (*Sport Concussion Assessment Tool 2*)[1] peut être utilisé par un professionnel de la santé sur le terrain ou en clinique pour quantifier, par un score, les répercussions de la commotion chez les enfants de 10 ans et plus. Aucun retour au jeu ne devrait être envisagé pour le jour même.

Il est possible d'évaluer le fonctionnement cérébral par une évaluation neuropsychologique. Le neuropsychologue peut faire ce type d'évaluation, mais il existe également plusieurs versions informatisées qui sont

---

1. Ce document, uniquement disponible en anglais, a été reproduit en annexe à la page 184. Il est suivi du *Pocket SCAT2*, qui est une traduction libre et non officielle en français.

plus accessibles et plus rapides. Cependant, l'ordinateur fournit une évaluation moins complète. Les résultats d'un test neuropsychologique sont plus faciles à interpréter si l'athlète a été soumis à ce même test avant de subir sa blessure. Il est quand même possible d'analyser le test en l'absence de résultats antérieurs à la commotion en le comparant avec des normes établies chez des enfants du même âge. Ce type d'évaluation permet de préciser le diagnostic dans certaines situations complexes et facilite la décision de retour au jeu. La mesure objective de l'équilibre est un nouvel outil permettant d'évaluer l'instabilité posturale causée par la commotion cérébrale.

Le traitement de la commotion

Le traitement de la commotion passe par le repos mental et physique. Comme le cerveau fonctionne moins efficacement, les activités qui demandent de la concentration (école, jeux vidéo, ordinateur, lecture) peuvent augmenter les symptômes et ralentir la récupération. Il est donc important de limiter les activités mentales jusqu'à la disparition des symptômes. Le retour à l'activité physique est envisageable à partir du moment où l'enfant peut effectuer ses activités scolaires complètes sans ressentir les répercussions de la commotion. Le retour au jeu doit s'effectuer en cinq étapes. Chacune d'elle dure de 48 à 72 heures, car il est reconnu que l'enfant récupère plus lentement que l'adulte. Si le patient ressent des symptômes durant une étape, il doit refaire l'étape précédente complètement.

Tableau 2
Protocole de retour au jeu par étape[2]

Étape de réhabilitation	Type d'activité	Objectif de l'étape
Étape 1 Activité aérobique légère	Marche, natation ou vélo stationnaire (fréquence cardiaque < 70 % de la fréquence cardiaque maximale). Pas d'entraînement en résistance.	Augmenter la fréquence cardiaque.
Étape 2 Activité spécifique au sport	Exercice de patin pour le hockey ou de course pour le soccer. Pas de contact avec la tête.	Ajouter du mouvement.
Étape 3 Exercice sans contact	Progression vers des exercices plus complexes (passes au hockey et football). Entraînement en résistance permis.	Augmenter la coordination et la complexité cognitive.
Étape 4 Pratique avec contact	Entraînement avec contact complet.	Retrouver la confiance et évaluer les habiletés fonctionnelles.
Étape 5 Retour au jeu	Match ou compétition normale.	

2. Inspiré de la 3ᵉ réunion du Consensus international sur la Commotion cérébrale de Zurich (Suisse) en novembre 2008.

La prévention de la commotion cérébrale

La prévention de la commotion cérébrale passe par l'utilisation d'un équipement protecteur (casque). La mise en place de règles de jeu et leur respect permettent également d'éviter les traumatismes crâniens dans le sport. Les entraîneurs ont aussi un rôle important à jouer en enseignant de bonnes techniques. Un programme de renforcement du cou peut diminuer les forces transmises au cerveau et prévenir les commotions. Le port du protecteur buccal ne change cependant pas l'incidence de traumatisme crânien sportif. L'éducation du personnel sportif est importante pour bien reconnaître ce problème et permettre une prise en charge adéquate, en commençant, par exemple, par le fait de sortir d'un match un joueur commotionné.

Les commotions multiples peuvent prédisposer à d'autres traumatismes crâniens chez l'athlète pédiatrique. Chaque enfant doit subir une évaluation individuelle, mais il est suggéré que l'athlète ayant subi des commotions multiples évite les sports de contact. Cette solution devrait être envisagée pour l'athlète si les nouvelles commotions causent des symptômes plus graves, s'ils apparaissent à la suite d'un traumatisme mineur, si son sport le rend plus vulnérable ou s'il a des symptômes cognitifs qui persistent.

Bibliographie

ANDERSON, S.J. and S.S. HARRIS. *Care of the Young Athlete.* 2nd ed. Elk Grove Village IL : American Academy of Pediatrics, 2010.

McCRORY, P., K. JOHNSTON, *et al.* « Summary and agreement statement of the 2nd International Conference on concussion in sport, Prague 2004 ». *Clinical Journal of Sport Medicine* 2005, 15 (2) : 48-55.

McCRORY, P., W. MEEUWISSE, *et al.* « Consensus Statement on concussion in sport - 3rd International Conference on Concussion in Sport Held in Zurich, November 2008 ». *Clinical Journal of Sport Medicine* 2009 19 (3) : 185-200.

PURCELL, L. « Le dépistage et la prise en charge des enfants ayant subi une commotion dans un sport ». *Paediatrics and Child Health* 2006 11 (7) : 420-428.

CHAPITRE 7

Stress de performance et estime de soi

Par Germain Duclos

Tout parent désire que son enfant soit bien préparé et qu'un bel avenir puisse lui être garanti. Ce rêve tout à fait légitime prend forme avant même la naissance du bébé. Durant la grossesse, chacun des futurs parents imagine l'enfant à venir. La perception anticipée du bébé est propre à chacun : « Il sera beau, intelligent et sociable, il sera agréable et il apprendra facilement. » Cette image idyllique est parfois celle de l'enfant qu'on aurait voulu être ou représente le désir inconscient de réparer les lacunes réelles ou imaginaires de sa propre enfance. Par projection de soi-même, le parent peut aussi désirer que son futur enfant ait les mêmes qualités physiques, intellectuelles et sociales qu'il se reconnaît et qui le valorisent. Tous ces rêves projetés sur le futur bébé prennent la forme d'un enfant rêvé.

Au moment où le parent évoque ces images idéales de l'enfant à venir, il ressent tout autant de craintes. En effet, nous vivons dans une époque de bouleversements à laquelle parents et enfants n'échappent pas, une société en mutation qui remet en question de nombreuses valeurs et habitudes de vie et qui offre très peu de modèles de référence stables sur lesquels on peut s'appuyer. Les parents, inquiets à cause de l'insécurité économique engendrée par le néolibéralisme, par la mondialisation des marchés et la compétition féroce, rêvent que leur enfant soit le mieux préparé possible pour faire face aux défis qui jalonneront sa vie.

Ainsi, chaque enfant est attendu avec un mélange de rêves et de craintes. Et l'enfant réel vient au monde, avec son rythme de développement, des caractéristiques qui lui sont propres et avec une grande vulnérabilité. Le bébé humain est très vulnérable et très dépendant de son entourage. Toute une histoire d'apprentissages débute dès la naissance et ne sera en fait qu'une longue quête d'autonomie. À chaque apprentissage que l'enfant réalise, il rompt un lien de dépendance par rapport à son entourage.

Au fur et à mesure que l'enfant se développe, il peut y avoir chez les parents de la déception par rapport à l'enfant rêvé. Il est possible que le rythme d'apprentissage du tout-petit ne concorde pas avec les attentes plus élevées du parent. C'est ainsi que le stress de performance peut naître dès la petite enfance si l'enfant se sent contraint de réaliser des apprentissages précoces ou qui ne l'intéressent pas dans le seul but de se mériter l'approbation des parents qu'il aime.

Tout parent sensible et respectueux du caractère unique de son enfant en vient à faire le deuil de l'enfant rêvé afin de pouvoir investir l'enfant réel, non pas pour ce qu'il voudrait qu'il soit, mais pour ce qu'il est dans la réalité.

Il faut tout de même avoir des attentes face à son enfant pour éviter que ce dernier soit passif, dépendant et qu'il se dévalorise. En effet, si un parent se montre indifférent aux apprentissages de son enfant ou qu'il ne l'encourage pas à relever des défis, il lui fait savoir en quelque sorte qu'il le juge incompétent. Toutefois, les attentes du parent doivent être réalistes, c'est-à-dire adaptées au rythme et au degré de développement de l'enfant. Si ce n'est pas le cas, si les ambitions du parent sont trop élevées, il y a un grand risque que l'enfant vive un stress de performance et connaisse des échecs susceptibles de diminuer son estime de soi.

Estime de soi

Tomber amoureux de son bébé est l'expérience la plus merveilleuse qu'un parent puisse vivre. C'est à partir de cette expérience que s'établit la relation d'attachement, qui constitue la première base de l'estime de soi chez l'enfant. En effet, l'enfant qui se sent aimé, même si ce n'est que par une seule personne, peut se dire qu'il est aimable et qu'il possède, de ce fait, une valeur propre. Le jeune enfant sent que son être a de la valeur, même s'il n'a pas réalisé d'apprentissages. Il vit un attachement inconditionnel en se sentant aimé et accepté, quel que soit son comportement du moment et indépendamment de ses apprentissages.

L'estime de soi qui se développe en premier chez l'enfant est celle du corps. Par la répétition des soins que le parent lui prodigue, il en vient à « enregistrer » l'importance de son corps : « J'avais soif et on m'a donné à boire, on m'a nourri, on m'a bercé, lavé et embrassé. » Le jeune enfant comprend que son corps a de la valeur puisque le parent, le premier amour de sa vie, le lui a manifesté par l'affection et lui a prodigué des soins.

Jusqu'à l'âge de 7 ou 8 ans, les bases de l'estime de soi de l'enfant s'établissent grâce aux rétroactions positives qu'il reçoit de la part des personnes qui ont de l'importance à ses yeux. Développer l'estime de soi chez son enfant ne se résume pas à lui faire des compliments : « tu es beau », « tu es gentil ». Ces expressions affectueuses ne nuisent pas, elles sont même des jugements globaux qui peuvent faire plaisir à l'enfant s'il en comprend le sens. Toutefois, le fait de traduire en paroles des gestes ou des succès concrets (« tu as rangé tes jouets, je suis fier de toi », « tu m'as rendu service en mettant la table ») favorise davantage le développement de l'estime de soi.

L'estime de soi est la conscience de la valeur personnelle que l'enfant développe graduellement. Toutefois, pour qu'il parvienne à être conscient d'avoir des qualités et des forces, il est nécessaire qu'il l'entende dire par des personnes qui sont crédibles à ses yeux. L'enfant peut avoir beaucoup de valeur, mais ne pas en être conscient ou ne pas savoir qu'il a fait des gestes positifs tout simplement parce que son parent a omis ou négligé de le lui dire. Les paroles font prendre conscience de la valeur, les paroles rassurent, les paroles donnent de l'espoir.

Vers l'âge de 7 ou 8 ans, avec l'apparition de la pensée opératoire et de la capacité de jugement logique, et grâce aux rétroactions positives de son entourage sur ses actions, l'enfant arrive à porter des jugements sur lui-même dans le cadre de son monologue intérieur, ce qui favorise ou réduit l'estime qu'il a de lui-même. Il est capable de se juger en ayant recours à des adjectifs qualificatifs (débrouillard, généreux…), qui s'appuient sur des actions concrètes.

Une dimension extrinsèque

En grandissant, l'enfant se rend compte que la qualité de son rendement a de l'importance aux yeux des personnes qu'il juge importantes. Nous abordons ici une autre dimension de l'estime de soi, celle qui est relative au paraître et au rendement. L'enfant en vient à juger également sa valeur en se basant sur son apparence et sur la qualité de sa performance : « Je vaux selon mon apparence ou selon mon rendement. » Cette estime de soi est extrinsèque et à la fois dépendante de ses propres exigences et de celles de l'extérieur. Il tend à estimer sa valeur dans chacun des domaines de sa vie, selon ses propres critères ou selon ceux des personnes qu'il juge importantes. Il intériorise les exigences des adultes, il en vient à les faire siennes, ce qui peut facilement générer du stress de performance.

William James (1890) est le premier psychologue américain à expliquer le fondement de l'estime de soi par la cohésion entre les aspirations ou les ambitions et le succès. Pour cet auteur, l'estime de soi est élevée dans la mesure où le niveau de succès d'une personne dans un domaine égale ou dépasse son niveau d'ambition. Si les attentes sont trop élevées, tant de la part des personnes significatives de son entourage que par lui-même, l'enfant doit nécessairement vivre du succès par rapport à ces exigences élevées pour protéger son estime de lui-même. On peut comprendre que c'est tout un défi pour l'enfant, qui doit alors gérer un stress de performance. La maîtrise d'habiletés n'est pas suffisante pour lui, il a besoin d'un bon soutien social. L'estime de soi peut être préservée et augmentée chez l'enfant s'il manifeste de la compétence dans un domaine qu'il juge important et s'il reçoit l'approbation des personnes qui sont significatives à ses yeux.

Il arrive malheureusement qu'un enfant perçoive que l'attachement du parent est conditionnel à sa performance. Lorsque celui-ci juge la valeur de son enfant à son rendement, ce dernier se sent dans l'obligation de bien performer pour mériter l'approbation du parent. Une telle attitude du parent amène l'enfant à considérer qu'il n'a de la valeur que lorsqu'il se comporte d'une certaine manière ou lorsqu'il manifeste un certain niveau de performance. On retrouve alors un enfant piégé et en désarroi qui déduit qu'il est aimé à cause de son rendement et non pas pour ce qu'il est. La base de l'estime de lui-même en est affectée. Il y a nombre d'enfants et d'adolescents qui se sentent obligés de fournir un rendement de plus en plus exigeant pour se mériter l'approbation et même l'amour des adultes qu'ils aiment. Tout enfant veut se faire aimer, mais certains sentent qu'ils doivent en payer le prix par un rendement élevé. Toute personne, adulte ou enfant, ne peut vivre sans affecter son identité en répondant pleinement aux désirs des autres tout en essayant de demeurer authentique envers elle-même.

Un sentiment de compétence

Pour vivre un sentiment de compétence, l'enfant ou l'adolescent doit d'abord se fixer des objectifs personnels dans ses apprentissages. Le sentiment de compétence se définit comme étant l'intériorisation et la conservation des souvenirs de ses expériences de succès personnels dans l'atteinte de ses objectifs. Ce sentiment se manifeste par une motivation intrinsèque à poursuivre des buts personnels et par une certitude intérieure d'être capable de relever plusieurs défis et de réaliser plusieurs apprentissages. Un tel sentiment de compétence n'arrive pas magiquement. Il se développe au cours des années après de multiples expériences de réussite dans l'atteinte d'objectifs.

Il y a deux grandes étapes avant l'apparition durable d'un réel sentiment de compétence. Avant l'âge de 7 ou 8 ans, l'enfant vit surtout un sentiment de réussite qui se manifeste par une concentration sur le résultat ou le produit final. Il est important de souligner que, souvent, les jeunes enfants agissent uniquement pour le plaisir sans anticiper le résultat final. Ils aiment beaucoup explorer et constater les effets de leurs actions sur les objets. En fait, l'enfant d'âge préscolaire se centre sur un seul aspect à la fois : ou il se centre sur ses actions pour le simple plaisir de les exercer, ou il le fait sur le résultat. Il n'a pas acquis la maturité intellectuelle pour coordonner logiquement actions et résultat.

À cause de sa pensée encore prélogique et magique, le jeune enfant établit peu de relations logiques et causales entre ses attitudes, ses stratégies (ou façons de faire) et le résultat qu'il avait anticipé. Pour lui, seul le produit final ou le résultat compte. Par exemple, le jeune enfant a pour but de réaliser une fleur en papier de soie. À la fin de sa production, il se dit : « Je voulais faire une fleur, je l'ai réalisée, je suis fier de moi ! » L'enfant ne fait pas de liens logiques et de causalité entre les étapes qu'il a suivies, les moyens et outils qu'il a utilisés et le produit final. D'ailleurs, il est peu motivé à faire ces liens, d'autant plus que sa capacité d'autoévaluation de ses actions est réduite. Par contre, il est important de souligner que ses réussites augmentent sa motivation pour d'autres projets et apprentissages si les adultes qui l'entourent l'amènent à prendre conscience de ses bons coups en verbalisant ses succès. L'enfant devient conscient qu'il fait des choses positives, ce qui lui permet d'être plus motivé. Cette relation directe entre l'estime de soi et la motivation est illustrée par le schéma apparaissant à la page suivante :

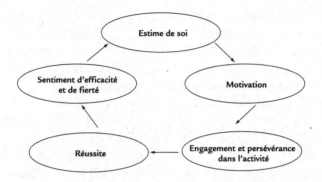

Quand on lui souligne ses succès, l'enfant devient conscient qu'il peut réaliser des choses positives et il se sent valorisé par les résultats qu'il a obtenus (estime de soi). Il acquiert de l'assurance, ce qui lui permet d'espérer d'autres réussites (motivation). La motivation se manifeste par l'engagement et la persévérance durant l'activité. La persévérance s'observe lorsque l'enfant bute sur une difficulté. En utilisant de bonnes stratégies, il vit un sentiment de réussite en même temps qu'il en dégage un sentiment d'efficacité et de fierté qui augmente à son tour l'estime de soi. C'est le cycle dynamique de l'apprentissage où l'estime de soi joue un rôle central.

Un sentiment d'efficacité

Beaucoup trop d'enfants et d'adultes demeurent fixés sur le résultat ou le produit final, et cette obsession du résultat, de la bonne réponse ou du produit final leur fait vivre du stress de performance. Ils ne parviennent pas à cette autre étape préalable au sentiment de compétence qu'est le sentiment d'efficacité. Celui-ci se caractérise par un sentiment de valorisation personnelle qui résulte d'une juste perception des relations logiques et causales entre les attitudes adoptées, les stratégies utilisées et le succès dans l'atteinte d'un résultat. Un tel sentiment d'efficacité est vraiment ressenti quand l'enfant est conscient que le résultat qu'il a obtenu n'est pas magique, qu'il est l'aboutissement logique d'une démarche. Si l'on propose à un enfant un objectif adapté à son niveau de développement et à son rythme d'apprentissage, sa démarche d'exécution et le résultat final sont résumés par l'équation logique suivante :

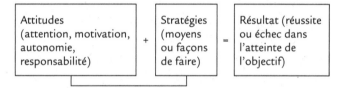

Attitudes (attention, motivation, autonomie, responsabilité) + Stratégies (moyens ou façons de faire) = Résultat (réussite ou échec dans l'atteinte de l'objectif)

Processus ou démarche d'apprentissage

Trop d'enfants, et même un certain nombre d'adultes, ignorent qu'ils ont un pouvoir personnel sur la démarche ainsi que sur le résultat. Celui-ci est perçu comme étant magique et ils ne sont pas conscients qu'il est une suite logique de la démarche sur laquelle ils peuvent exercer un contrôle personnel. Le résultat est trop souvent perçu comme étant l'effet de la chance ou de la malchance, le fruit des autres personnes ou des circonstances. Un enfant vit du stress de performance s'il se centre uniquement sur le résultat sans être conscient que celui-ci est l'aboutissement logique de ses attitudes et de ses stratégies, sur lesquelles il a un pouvoir personnel de changement et d'amélioration. Son stress de performance devient d'autant plus élevé qu'il est convaincu que l'on juge sa valeur uniquement à partir des résultats qu'il obtient.

L'erreur est humaine, mais nombre d'enfants croient qu'ils n'ont pas le droit d'être humains. Certains d'entre eux confondent erreur et échec. C'est le cas, notamment, des enfants perfectionnistes. Ils n'acceptent aucune erreur et tout ce qu'ils font doit être parfait. Ce souci de perfection se développe avec la recherche du résultat et cette attitude induit un stress de performance. En général, le perfectionniste juge sa valeur selon les résultats qu'il obtient et en fonction de l'opinion des autres. Son estime de lui-même est extrinsèque, se situant sur le plan du paraître.

L'erreur peut parfois provoquer un échec; toutefois, elle se situe dans le processus ou dans la démarche d'apprentissage, plus particulièrement dans le choix ou l'application des stratégies. En fait, elle est nécessaire dans un processus dynamique d'apprentissage. C'est par ses erreurs que l'enfant apprend à apprendre. Il est important de l'aider à en prendre conscience afin qu'il ne les répète pas et qu'il améliore ainsi la qualité de son rendement. Grâce à l'erreur, l'enfant peut modifier une stratégie ou en trouver d'autres, ce qui favorise la flexibilité et la souplesse de sa pensée. Il est important que l'enfant prenne conscience qu'un résultat négatif ou un échec ne remet pas en cause ses capacités, mais qu'il est plutôt la conséquence d'une erreur qu'il peut éliminer dans l'avenir. Cette prise de conscience préserve son estime de soi et lui fait vivre de l'espoir.

Le stress de performance

La majorité des professionnels qui œuvrent auprès de l'enfance (pédiatres, pédopsychiatres, psychologues, psychoéducateurs, orthopédagogues…) constatent qu'un nombre grandissant d'enfants souffrent d'un stress de performance. Il faut situer ce phénomène dans le contexte de nos sociétés où les valeurs d'efficacité, de rentabilité et de compétition occupent une place de plus en plus importante. Que l'on songe, par exemple, aux palmarès des écoles secondaires, aux comparaisons entre collèges, au culte de l'élitisme, à l'obsession de la réussite éducative (qui, soit dit en passant, se limite aux résultats scolaires), au syndrome de la médaille d'or, etc. Les parents sont également piégés par cette tornade de performance et de compétition. Eux aussi se sentent obligés, pour protéger leur emploi, de se dépasser et de fournir un rendement dont les standards de quantité et de qualité sont de plus en plus élevés.

Dans ce contexte de compétition et d'insécurité, les parents se sentent forcés d'être « de plus en plus parfaits » au travail. Ce perfectionnisme s'introduit de façon insidieuse dans les attitudes parentales. On note une tendance chez les parents à appliquer dans la vie familiale la même obsession de réussite que dans la vie sociale et professionnelle. Ils veulent des enfants parfaits, des gagnants. Des enfants de l'excellence.

Malheureusement, il y a beaucoup trop d'enfants rêvés qui persistent après la naissance dans les désirs des parents. Ces derniers, avec des intentions louables, imposent nombre d'activités pour que leurs enfants soient stimulés au maximum. Ceux-ci ont des agendas chargés, leur vie est organisée et orchestrée vers un seul but : être les meilleurs. Les parents désirent ce qu'il y a de mieux pour leurs enfants : ils veulent leur faire vivre des expériences enrichissantes sur le plan artistique, intellectuel et sportif afin qu'ils soient bien équipés pour affronter l'avenir. Il n'y a rien de pire qu'un enfant organisé à la minute près, occupé par des cours de danse ou de natation à tous moments. Les parents ont moins d'enfants, ils veulent tout leur donner et, en même temps, ils attendent beaucoup d'eux.

On oublie trop souvent de consulter les enfants avant de les inscrire à tel ou tel cours. Il est important de tenir compte de leurs goûts et de leur permettre de laisser tomber une activité s'ils n'y trouvent aucun plaisir. L'être humain a cette caractéristique : si l'on ne vit pas de plaisir durant une activité, on la subit. Ainsi, imposer un cours à un enfant quand il n'y ressent plus de plaisir, c'est réduire sa motivation et lui faire vivre un stress inutile.

Pour un grand nombre d'enfants, la toile de fond de la vie est faite de performance et n'est plus centrée sur le bien-être du moment. Les parents se font un devoir d'occuper le plus possible les enfants avec des activités parascolaires qui sont sources d'apprentissages. Dans certains cas, ces occupations sont stimulantes et formatrices. Elles perdent cependant leur caractère positif lorsque l'obsession de la performance ou du rendement remplace le plaisir, la détente et la création. Elles deviennent stressantes pour l'enfant d'abord et, progressivement, pour l'adulte aussi.

Les enfants deviennent aussi stressés que des chefs d'entreprise. Pour certains, c'est comme si l'école se prolongeait en heures supplémentaires. L'enfant sent qu'il doit à tout prix avoir un rendement supérieur pour répondre aux exigences des adultes. À la longue, il peut se sentir aimé non pas pour ce qu'il est, mais pour ce qu'il fait. Cette situation affecte négativement son estime de soi tout en lui faisant vivre du stress de performance.

C'est ainsi qu'Étienne, 10 ans, devait toujours avoir un rendement maximal à l'école, dans son équipe d'élite au hockey et pendant les cinq heures qu'il passait au piano chaque semaine. Il est devenu stressé et épuisé. À sa façon, il a manifesté son malaise, mais le message a échappé à ses parents. Il a dû recevoir des soins médicaux pour des problèmes de somatisation. Bon nombre d'enfants vivent des conflits intérieurs analogues, à des degrés divers. Malheureusement, ils sont souvent partagés entre le désir d'être aimés pour ce qu'ils sont et le souci de satisfaire aux exigences des adultes qu'ils chérissent.

Nombre d'enfants adoptent un comportement conformiste pour ne pas provoquer de conflits avec leurs parents hantés par la performance. Les enfants les plus performants sont des cibles de choix pour le stress. Celui-ci provoque parfois des maladies psychosomatiques qui touchent souvent les enfants les plus performants, des enfants sages qui réussissent, mais qui s'extériorisent peu. Quand les parents mettent l'accent sur la performance plutôt que sur le plaisir, ils créent du stress. Les enfants doivent aussi flâner, perdre leur temps, s'amuser. C'est même très important pour le développement de l'imagination. Et c'est souvent par l'imagination qu'on peut échapper au stress.

Ce souci de la performance amène les parents à mettre de côté les jeux libres et spontanés et à diriger les enfants vers des jeux éducatifs qu'ils perçoivent comme des sources d'apprentissages. On occupe continuellement les enfants avec des activités structurées et avec des exigences de rendement prédéterminées. À cause de ce régime de vie imposé et directif, on constate un phénomène nouveau dans les garderies et les écoles ; des enfants sont incapables de s'amuser par eux-mêmes, ils ne savent pas quoi faire lorsqu'ils n'ont pas d'activités planifiées par les adultes.

Le stress, un facteur dynamisant

Une certaine quantité de stress est nécessaire au fonctionnement normal de l'être humain. Lorsque la vie reste paisible et tranquille trop longtemps, l'être humain finit par s'ennuyer et recherche des stimulations. De plus, le système nerveux a besoin d'une certaine quantité de stimulation pour bien fonctionner. En fait, le stress n'est pas dommageable en soi. Il peut nous amener à nous dynamiser, à mieux exploiter nos capacités et nos talents. Lorsqu'il est bien géré, il peut nous inciter à surmonter des difficultés, à relever de beaux défis.

Tout repose dans le dosage du stress. Quand il est bien adapté à la personne et que celle-ci utilise des moyens efficaces, elle est alors en mesure de surmonter des obstacles, d'apprendre de nouvelles choses et d'en retirer un sentiment de valorisation et de réalisation personnelles. Le stress est bénéfique quand il y a un écart significatif entre les capacités du sujet et l'objectif à atteindre. Par exemple, si l'on propose à un enfant une activité qui est trop facile et qu'il juge répétitive, il en retire de l'ennui et une baisse d'estime de soi, car il en déduit qu'on ne le juge pas assez compétent pour réaliser une tâche plus difficile. Au contraire, si l'on lui impose un objectif trop difficile et qu'il ne maîtrise pas les préalables et les capacités pour mener l'activité à terme, il vit conséquemment un échec et un sentiment de dévalorisation. Le stress est bénéfique quand la tâche est suffisamment difficile et nouvelle pour que l'enfant la perçoive comme un défi, sans toutefois être trop complexe ou susceptible de lui faire vivre un échec. Il n'y a pas de loi pour déterminer le dosage de stress adéquat. Pour proposer un bon stimulant à l'enfant, il faut une bonne connaissance de ses capacités, de son rythme ainsi qu'une évaluation juste de la complexité de l'objectif.

Le stress a aussi un effet profitable si le défi qu'on suggère à l'enfant correspond à ses intérêts ou à ses ambitions. En effet, s'il est motivé par le contenu de l'activité et qu'il perçoit l'objectif comme un défi qui le fait avancer dans le domaine qui le passionne, le stress nourrit sa motivation intrinsèque. Celle-ci se traduit par le désir d'être efficace et d'adopter un comportement pour son propre compte.

Par contre, bon nombre d'enfants vivent un stress qui est moins bénéfique lorsqu'ils poursuivent un objectif uniquement pour répondre aux attentes des adultes. Leur motivation est alors uniquement extrinsèque. Celle-ci consiste à rechercher des approbations extérieures et à éviter les réprimandes.

Quand le stress devient détresse

Le stress produit des effets négatifs chez l'enfant quand il se transforme en détresse, quand l'enfant ne peut ni fuir la source du stress ni la combattre ou lorsque le stress est trop massif et plus puissant que ses capacités d'adaptation. Par exemple, si l'on impose à un enfant une forte exigence, qu'il ne peut s'y dérober et qu'il est incapable de la satisfaire, il se retrouve dans une situation sans issue, en position de victime face à une demande trop exigeante. Ce stress devient alors une détresse ressentie par l'enfant et, si celle-ci se prolonge, elle peut avoir une influence physiologique et psychologique dommageable. Le stress qui se transforme en détresse joue un rôle dans plus de la moitié des problèmes de santé.

On constate des stress intenses quand l'enfant se voit forcé de fournir un rendement de qualité dans un temps limité. Cela s'observe notamment dans des compétitions sportives ou en situation d'examen. Il est prouvé scientifiquement que du sucre apparaît dans l'urine des athlètes à la suite d'une compétition sportive décisive. Le sucre est l'un des signes physiologiques d'une intense réaction émotionnelle causée par le stress de performance. Pour certains sportifs, l'anxiété à l'approche d'une épreuve constitue un véritable cauchemar éveillé : ils sont complètement paralysés ou pétrifiés au moment où ils doivent faire la preuve de leurs compétences.

Autres effets négatifs du stress de performance

Face à un stress intense et prolongé, les enfants ont tendance à avoir des réactions physiques : constipation, diarrhée, maux de tête ou de ventre, tics nerveux, grincements de dents, maladies de la peau, incapacité de dormir ou sommeil excessif, transpiration accrue, douleurs musculaires, infections mineures à répétition, mains froides, moites ou crispées. D'autres enfants réagissent par une hyperactivité réactionnelle à la situation stressante.

Sur les plans affectif et social, les enfants peuvent réagir au stress intense par leur comportement : bégaiement, fébrilité, pleurs, agressivité, irritabilité, etc. Ces symptômes peuvent se manifester à la maison, à l'école et même dans des lieux publics. Certains de ces signes ne sont pas exclusifs au stress de performance mais, lorsque le comportement ou l'humeur de l'enfant change, il y a lieu de s'interroger pour savoir si l'enfant n'est pas trop stressé par une épreuve de performance à venir.

Le stress intense a aussi des répercussions sur le plan cognitif. En effet, quand l'enfant doit faire face à une épreuve exigeante et qu'il est dans l'impossibilité de l'éviter ou de la surmonter efficacement, il peut se retrancher dans une espèce de régression cognitive. Dans cet état, son raisonnement est envahi par la pensée magique qui se manifeste, par exemple, par des rituels ou par l'espoir que le hasard arrangera les choses. Le stress intense joue parfois un rôle actif dans l'inhibition du jeune, tant sur le plan de l'action que sur celui de la représentation. Quand le stress devient détresse, l'énergie psychique de l'enfant est paralysée. Le stress empêche le recours aux compétences acquises et bloque l'actualisation des capacités d'adaptation. Dans une telle situation d'inhibition provoquée par le stress de performance, une certaine quantité de l'énergie de l'enfant est soustraite et gaspillée inutilement en doutes, en préoccupations anxiogènes conduisant à l'échec. Accablé par l'anxiété, l'enfant ne parvient pas à se concentrer : il néglige souvent de suivre les instructions et, durant l'épreuve, des informations lui échappent ou il les interprète mal.

Exercer trop de pression indue sur l'enfant pour qu'il fournisse une performance de qualité, en brusquant ou en cherchant à accélérer son rythme d'apprentissage, produit inévitablement un grand stress chez lui. Il peut régresser dans l'égocentrisme. En effet, lorsque l'enfant est envahi par des exigences stressantes venant des adultes, la tension intérieure qui en résulte se transforme en difficulté à considérer en même temps les diverses facettes de la situation de performance. On observe ainsi des conduites stéréotypées ou de rigidité. Face au défi à relever, l'enfant a tendance à se centrer sur une seule stratégie à la fois. Celle-ci étant souvent inefficace, l'enfant n'a pas la souplesse ou la disponibilité nécessaire pour adapter ses conduites. Il est piégé, pris dans une sorte de cul-de-sac d'échecs. Il ne peut s'en dégager sans une aide opportune.

Cette tendance généralisée à pousser les enfants vers l'excellence par des apprentissages de plus en plus précoces, avec des standards de qualité de plus en plus élevés, peut facilement produire l'effet contraire. En effet, si l'on brusque ou si l'on cherche à accélérer son rythme naturel de développement tout en ne considérant pas ses motivations personnelles, l'enfant peut facilement devenir très stressé par ces exigences trop fortes et par ce manque de considération. Le stress se transforme en détresse et la motivation de l'enfant disparaît. Il adopte alors des conduites égocentriques et il en vient à manifester de la rigidité intellectuelle, ce qui l'empêche de fournir un bon rendement.

Pour protéger l'estime de soi de l'enfant et l'aider à gérer le stress

- Il ne faut jamais oublier que le plaisir d'apprendre s'inscrit d'abord et avant tout dans les relations que l'on vit avec son enfant. Toutes les activités d'apprentissage et de performance peuvent être sources de joies partagées si l'on est disponible. En mettant l'accent sur la relation, on prévient l'excès de stress.

- Il est très important de rassurer régulièrement son enfant en lui disant et en lui démontrant que notre attachement est inconditionnel, peu importe les résultats qu'il obtient. L'enfant doit sentir qu'on l'aime pour ce qu'il est et non pas pour ce qu'il fait ou pour ce qu'il produit.

- Le parent doit accorder plus d'importance à la démarche qu'entreprend son enfant qu'aux résultats qu'il obtient. L'enfant doit prendre conscience qu'il a un pouvoir personnel sur son processus d'apprentissage (attitudes et stratégies) de façon à y trouver du plaisir et à réduire son stress.

- Si un enfant vit un échec dans une situation de performance, le parent doit lui faire comprendre que le résultat obtenu ne remet pas en question ses capacités ou sa valeur personnelle, mais que les causes se retrouvent dans ses attitudes ou ses stratégies et qu'il lui est possible de les améliorer : « Ce n'est pas toi qui n'es pas bon, mais plutôt le moyen que tu as utilisé qui n'était pas adéquat. »

- Il est essentiel que le parent s'interdise d'exprimer des mots blessants, des moqueries ou des railleries à la suite d'une erreur ou d'un échec de l'enfant. Ces mots qui blessent sont de la violence verbale, qui n'est autre chose qu'un viol de l'amour-propre et de l'estime de soi.

- Le parent doit abandonner son perfectionnisme et accepter les erreurs de son enfant en lâchant prise sur les détails. Il ne faut pas oublier que le parent est le premier modèle auquel s'identifie l'enfant. L'important, c'est d'amener ce dernier à prendre conscience de l'erreur qu'il a faite pour ensuite la corriger et éviter de la répéter.

- Peu importe la performance de l'enfant, on doit toujours souligner ses efforts et ses forces en les illustrant par des exemples concrets. Il se sent ainsi compris et respecté.

- Chaque enfant a son propre rythme biologique, intellectuel et affectif. Il est très important de percevoir ce rythme et de le respecter. Trop de pression pour accélérer son apprentissage ou la qualité de son rendement provoque du stress.

- Le plaisir est un important réducteur de stress. C'est à travers le jeu que l'enfant vit le plus de plaisir. Le jeu libre favorise l'imagination et la créativité plus que toute activité structurée par les adultes et plus que tous les jeux éducatifs et jouets fabriqués. Et la liberté d'expression qu'il permet constitue une excellente stratégie de lutte contre le stress.

- Quand l'enfant anticipe une performance à réaliser, il est souhaitable que le parent l'amène à visualiser d'avance la situation. La capacité que l'on a de prévoir un événement générateur de stress atténue l'importance de ce stress, même s'il est parfois impossible de le contrôler. Il est admis que les êtres humains préfèrent les événements désagréables prévisibles à ceux qu'il est impossible de prévoir.

- Il est important que le parent amène son enfant à prendre conscience qu'il peut contrôler en partie ou en totalité l'événement stressant à venir par de bonnes attitudes et par une utilisation judicieuse de stratégies.

- Tout enfant a déjà vécu du succès ou a surmonté des situations stressantes. Il est profitable que le parent l'amène à se souvenir des forces qu'il a utilisées pour surmonter ce stress et l'aide à voir comment il peut réutiliser ses capacités pour faire face à une autre situation stressante.

- Le parent doit assurer son enfant de son soutien constant face aux difficultés, mais sans minimiser ou dramatiser la situation stressante. L'enfant tolère plus facilement le stress quand il est partagé avec des personnes qui sont importantes à ses yeux.

- Il est profitable que le parent apprenne à son enfant à reconnaître les signes de son stress et l'aide à trouver la meilleure façon de le maîtriser. Pour certains, ce sera l'exercice physique, pour d'autres, la lecture ou la musique, pour d'autres enfin, la rêverie ou l'expression de la colère ou de la peine.

- Le parent doit aussi amener son enfant à prendre conscience de son monologue intérieur négatif, qui est souvent à contenu d'anxiété, durant une performance stressante afin de l'arrêter ou de le neutraliser par des idées positives, notamment en évoquant le souvenir de ses succès passés.

- Encourager son enfant à rire, à chanter, à danser, voilà qui est aussi profitable. Des imageries mentales peuvent également être utilisées pour permettre à l'enfant de reprendre le contrôle de lui-même. Par exemple, il est possible de visualiser ses problèmes et ses tensions par imagerie, de les mettre dans un sac et de le lancer au loin.

- Les enfants vivent trop souvent du stress, et celui-ci peut les pousser en avant comme il peut les inhiber ou les blesser dans leur corps et leur esprit. Les parents peuvent les aider activement à mobiliser leur énergie positivement en fuyant ce qu'ils ne peuvent changer et en combattant ce qu'il est possible de combattre.

- Le stress, c'est la vie même. Il nous est nécessaire pour progresser. Le reconnaître, apprendre aux enfants à identifier ses causes et ses effets, accepter nos limites personnelles, qui ne sont pas celles des autres, est un acte de vie. L'espoir, l'enthousiasme, la passion et la créativité sont aussi l'apanage du stress, tout comme la maladie, la dépression et la violence.

- Il ne faudrait surtout pas oublier que nous avons tous un besoin d'attachement et d'avoir une bonne estime de soi. Quand ces besoins sont comblés, quand l'enfant ou l'adolescent a sa ration affective et qu'il possède le sentiment de sa valeur personnelle, il peut mobiliser les énergies nécessaires pour combattre les stress intenses et se protéger de la détresse.

CONCLUSION

Nous espérons que cet ouvrage a su répondre adéquatement aux nombreux questionnements animant les parents des jeunes qui s'investissent dans le sport de compétition ou qui songent à s'engager dans cette enrichissante aventure.

Au-delà des encouragements et de l'encadrement, l'essentiel, pour tout parent, est de rester à l'écoute de son enfant et de s'informer auprès de professionnels en cas de besoin. Car mieux vaut prévenir que guérir...

L'amour que nous portons à notre enfant ou à notre adolescent est la pierre angulaire de son avenir. Adopter à son endroit des attitudes à la fois positives et réalistes au gré des entraînements, des compétitions, mais aussi dans l'ensemble de la vie quotidienne, lui permettra un meilleur développement et viendra consolider durablement la relation parent-enfant.

ANNEXES

Annexe 1 • Déclaration de consensus[1]

Déclaration de consensus

HARCELEMENT ET ABUS SEXUELS DANS LE SPORT

Groupe d'experts de la commission médicale du CIO

Membres du groupe :

Arne Ljungqvist (Suède)	Président, commission médicale du CIO
Margo Mountjoy (Canada)	Coordinatrice de la déclaration de consensus, commission médicale du CIO
Celia Brackenridge (Royaume-Uni)	Consultante programme Professeur en sciences du sport (pratique sportive chez les jeunes), Institut du sport et de l'éducation, Université Brunel
Kari Fasting (Norvège)	Consultante programme Professeur au département des études culturelles et sociales, Institut norvégien des sciences du sport

Participants :

Steven Boocock (Royaume-Uni)	Directeur, Sport England / Société nationale pour la prévention de la cruauté envers les enfants, section de la protection des enfants dans le sport
Charlotte Bradley-Reus (Mexique)	Présidente de l'ONG "DEMUSA", journaliste, chercheur
Joy Bringer (Écosse)	Psychologue du sport auprès du Conseil des sports d'Écosse
Paulo David (Suisse)	Délégué des Nations Unies pour les droits de l'homme, les droits de l'homme dans la pratique sportive chez les jeunes
Margery Holman (Canada)	Professeur au département de kinésiologie de l'Université de Windsor
Sheldon Kennedy (Canada)	Ancien joueur de hockey de la NHL, fondateur de "Respect in Sport"
Kimie Kumayasu (Japon)	Chargée de cours, Université d'Osaka, Faculté des sciences et des arts libéraux
Sandra Kirby (Canada)	Professeur au département de sociologie de l'Université de Winnipeg
Trisha Leahy (Hong Kong)	Psychologue clinicienne, Institut des sports de Hong Kong
Petra Moget (Pays-Bas)	Conseillère en harcèlement et abus sexuels auprès du Comité National Olympique des Pays-bas
Debbie Simms (Australie)	Porte-parole et spécialiste de la politique sportive pour Sport Australia
Jan Toftegaard-Stoeckel (Danemark)	Chercheur dans le domaine des abus dans le sport, Institut des sciences du sport et de la biomécanique appliquée, Université du Sud-Danemark
Ian Tofler (États-Unis)	Psychiatre du sport, chercheur et spécialiste clinicien
Maarten Weber (Pays-Bas)	Psychologue pour la police, commissaire de police, conseiller en harcèlement et abus sexuels auprès du Comité National Olympiques des Pays-Bas

1. Déclaration adoptée le 8 février 2007 par le Comité International Olympique.

Déclaration de consensus

HARCELEMENT ET ABUS SEXUELS DANS LE SPORT

Dans le cadre de son rôle de promotion et de protection de la santé de l'athlète, la commission médicale du CIO reconnaît tous les droits des athlètes, y compris celui de bénéficier d'un environnement sportif sain et favorable. C'est dans ces conditions que les athlètes sont les mieux à même de s'épanouir et de réaliser leurs meilleurs résultats sportifs. Quel que soit l'environnement culturel, le harcèlement et les abus sexuels sont des violations des droits de l'homme qui portent atteinte à la fois à la santé de la personne et de l'organisation. S'il est bien connu que le sport peut apporter des bienfaits personnels et sociaux importants, ceux-ci sont réduits lorsque de tels problèmes surviennent. Le harcèlement et les abus sexuels ont lieu partout dans le monde. Dans le sport, ils sont source de souffrances pour les athlètes et d'autres personnes, et entraînent des responsabilités légales, financières et morales pour les organisations sportives. Aucun sport n'est épargné par ces problèmes, qui peuvent se poser à tous les niveaux. Dans le sport, tout le monde partage la responsabilité d'identifier et de prévenir le harcèlement et les abus sexuels et d'encourager une culture de la dignité, du respect et de la sécurité. Les organisations sportives sont notamment les gardiennes de la sécurité et devraient se poser en chefs de file pour identifier et éradiquer de telles pratiques. Un système sportif sain qui rend les athlètes plus forts peut contribuer à la prévention du harcèlement et des abus sexuels à l'intérieur et en dehors du sport.

Ce document résume les connaissances scientifiques actuelles sur les différentes formes de harcèlement et d'abus sexuels, les facteurs de risques pouvant alerter la communauté sportive en vue d'une intervention précoce et les mythes qui détournent l'attention de ces problèmes. Il propose également une série de recommandations visant à sensibiliser la population, à élaborer et mettre en œuvre une politique à cet égard, à éduquer et prévenir, et à encourager les bonnes pratiques.

DEFINITION DU PROBLEME

Le harcèlement et les abus sexuels dans le sport sont dus à des relations de pouvoir et à des abus de pouvoir. Par *harcèlement sexuel* on entend tout comportement verbal, non verbal ou physique à connotation sexuelle envers une personne ou un groupe de personnes, qu'il soit intentionnel ou non, légal ou illégal, reposant sur un abus de pouvoir et de confiance et considéré par la victime ou un témoin comme non voulu ou contraint. Par *abus sexuel* on entend toute activité sexuelle pour laquelle un consentement n'est pas donné ou ne peut pas être donné. Dans le sport, cela consiste souvent à manipuler et à piéger l'athlète. Le harcèlement et les abus sexuels surviennent dans une culture d'organisation qui facilite de tels comportements. En effet, ils sont les symptômes d'un échec à montrer l'exemple dans le sport. Le harcèlement sexiste, les brimades et l'homophobie sont des exemples de harcèlement et d'abus sexuels dans le sport (voir annexe 1). Le *harcèlement sexiste* consiste en un traitement désobligeant systématique et répété envers l'autre sexe, mais pas nécessairement de nature sexuelle. Les *brimades* impliquent des rituels d'initiation abusifs souvent à connotation sexuelle et qui visent les nouveaux arrivants. L'*homophobie* est une forme de préjudice et de discrimination allant de l'agressivité passive à une persécution active des lesbiennes, homosexuels, bisexuels et transsexuels.

ÉTUDE SCIENTIFIQUE : FREQUENCE, RISQUES ET CONSEQUENCES

Les recherches montrent que le harcèlement et les abus sexuels ont lieu dans tous les sports et à tous les niveaux. Ces actes semblent toutefois plus fréquents dans le sport d'élite. Les personnes qui sont dans l'entourage de l'athlète et qui sont en position de pouvoir et d'autorité semblent être les principaux auteurs de ces actes, mais des athlètes ont également été reconnus comme tels. Les hommes sont plus souvent mis en cause que les femmes.

Le harcèlement et les abus sexuels réduisent les athlètes au silence. Le risque de tels comportements est plus important lorsque la protection est insuffisante, la motivation de l'auteur est forte et la vulnérabilité de l'athlète grande (notamment en relation avec l'âge et la maturité). Il n'est pas prouvé que les vêtements portés ou le type de sport soient des facteurs de risques. Il s'agit là de mythes. D'après les recherches, les situations à risque sont les vestiaires, les terrains de jeu, les voyages, le logement ou le véhicule de l'entraîneur, et les réceptions, notamment lorsqu'il y a de l'alcool. Les initiations des équipes ou les célébrations de fin de saison peuvent également donner lieu à des comportements sexuels abusifs à l'encontre de personnes ou de groupes de personnes.

Les recherches montrent que le harcèlement et les abus sexuels dans le sport ont un impact négatif sérieux sur la santé physique et psychologique des athlètes. Cela peut se traduire par des performances amoindries et conduire à l'abandon de l'athlète. Les données cliniques indiquent que les affections psychosomatiques, l'anxiété, la dépression, la toxicomanie, l'automutilation et le suicide comptent parmi les conséquences les plus graves pour la santé. Les attitudes passives/la non-intervention, la dénégation et/ou le silence des personnes en position de pouvoir dans le sport (en particulier des témoins) augmentent la souffrance psychologique occasionnée par le harcèlement et les abus sexuels. Par ailleurs, l'inaction des témoins donne l'impression aux victimes que ces comportements sont légalement et socialement acceptables et/ou que les personnes dans le milieu du sport n'ont pas le pouvoir de s'élever contre ces pratiques.

RELATIONS DANS LE SPORT

Le harcèlement et les abus sexuels dans le sport ne reposent pas sur une discrimination due à l'âge, au sexe, à la race, à l'orientation sexuelle ou au handicap. Les athlètes viennent de divers milieux culturels et familiaux et sont au centre d'un système relationnel qui s'attache à les aider à concrétiser leur potentiel sportif. Il y a toujours une différence de pouvoir dans les relations qu'un athlète entretient avec les membres de son entourage (entraîneurs, personnel scientifique et médical, administrateurs, etc.). Cette différence de pouvoir, si elle est mal utilisée, peut conduire au harcèlement et aux abus sexuels et, en particulier, à exploiter des relations sexuelles avec des athlètes.

Ces relations nécessitent de passer beaucoup de temps ensemble dans l'environnement émotionnellement intense du sport de compétition. Cette situation peut faire courir à l'athlète le risque d'être isolé à l'intérieur d'une relation contrôlée dans laquelle son pouvoir et son droit de décider sont affaiblis.

Dans un environnement sportif, tous les adultes doivent adopter des directives claires concernant leurs rôles et responsabilités et fixer les limites de leurs relations. Il est essentiel que chaque membre de l'entourage et toute autre personne d'autorité restent à l'intérieur des limites d'une relation professionnelle avec l'athlète.

STRATEGIES DE PREVENTION

Parmi les stratégies de prévention admises citons les politiques générales avec codes de bonnes pratiques, l'éducation et la formation, les procédures de plainte et de soutien ainsi que les systèmes de contrôle et d'évaluation. Quelles que soient les différences culturelles, chaque organisation sportive devrait mettre ces dispositions en place.

La politique générale est une déclaration d'intention qui montre l'engagement à créer un environnement sain où règne le respect mutuel. Elle devrait préciser ce qui est requis en ce qui concerne la promotion des droits, le bien-être et la protection. Elle permet à l'organisation d'agir de manière prompte, impartiale et juste lorsqu'une une plainte ou une allégation est soumise. Elle lui permet également de prendre des mesures disciplinaires, pénales et autres, selon le cas.

Les codes de bonnes pratiques décrivent les normes de comportement acceptables qui, lorsqu'elles sont suivies, servent à appliquer la politique générale. Ces normes de comportement établissent des repères clairs quant à ce qui est acceptable et ce qui ne l'est pas. Elles peuvent contribuer à réduire au minimum les possibilités de harcèlement et d'abus sexuels ainsi que les allégations infondées (voir annexe 2.)

RECOMMANDATIONS

Toutes les organisations sportives devraient :

1. Élaborer des politiques et procédures de prévention du harcèlement et des abus sexuels;
2. Contrôler la mise en œuvre de ces politiques et procédures;
3. Évaluer l'impact de ces politiques et procédures en identifiant et réduisant le harcèlement et les abus sexuels;
4. Élaborer un programme d'éducation et de formation sur le harcèlement et les abus sexuels dans leur(s) sport(s);
5. Montrer l'exemple en encourageant un encadrement équitable, respectueux et éthique;
6. Encourager des partenariats solides avec les parents/proches pour prévenir le harcèlement et les abus sexuels; et
7. Promouvoir et soutenir la recherche scientifique sur ces questions.

Grâce à la prévention du harcèlement et des abus sexuels dans le sport, le sport offrira un environnement plus sûr, plus sain et meilleur pour tous.

En cas de divergence entre la version anglaise de la déclaration de consensus et les traductions proposées, la version anglaise fait foi.

Annexe 1 – L'exploitation sexuelle
Source : Adapté de Brackenridge (1997)

DISCRIMINATION SEXUELLE
→

HARCÈLEMENT SEXUEL ET SEXISTE
→

BRIMADES ET ABUS SEXUELS
→

INSTITUTIONNELLE...PERSONNELLE

"un climat distant"	*"une attention indésirable"*	*"avec préméditation ou recours à la contrainte "*
Ségrégation verticale et horizontale au travail	Injures ou menaces écrites ou verbales	Récompense ou privilège en échange de faveurs sexuelles
Absence d'officiel et/ou de politique en matière de harcèlement ou de procédure de notification	Plaisanteries à connotation sexuelle, commentaires obscènes ou allusions sexuelles, moqueries à l'égard de l'aspect physique, de l'habillement, de la situation maritale ou de la sexualité	"Pelotage"
Absence de système de conseil et d'assistance socio-psychologique	Performances ridiculisées	Exhibitionnisme
Salaires, primes ou perspectives de promotion différentes selon le sexe	Graffiti à connotation sexuelle ou homophobe	Activité sexuelle forcée
	Farces basées sur le sexe	Agressions sexuelles
Sites malsains ou mal éclairés	Remarques, propositions, invitations ou familiarités à caractère sexuel et intimidantes	
Absence de sécurité élémentaire	Domination dans les réunions, sur les aires de jeu et devant les équipements	Violence physique/sexuelle
	Comportement condescendant ou paternaliste qui diminue l'estime de soi ou les performances au travail	Viol
	Contacts physiques, caresses, pincements ou baisers	Inceste
	Actes de vandalisme basés sur le sexe	
	Appels téléphoniques ou photos à caractère offensive	
	Traque	
	Intimidations à caractère sexuel	

Annexe 2 – Politique en matière de harcèlement et d'abus sexuels et code de bonnes pratiques dans les organisations sportives

La politique en matière de harcèlement et d'abus sexuels devrait :

- déceler et traiter ces problèmes
- être claire et très compréhensible
- prévoir une consultation avec les athlètes
- être largement communiquée par le biais de publications et de programmes de sensibilisation
- être approuvée par l'organe de direction compétent (conseil de direction, comité exécutif, etc.) et incorporée dans ses statuts et/ou règlements
- s'appliquer à toutes les personnes concernées de l'organisation
- être appuyée par une stratégie d'éducation et de formation complète
- être régulièrement revue et actualisée, notamment en cas de changement majeur des statuts/règlements de l'organisation ou de la loi.

Cette politique devrait :

- stipuler que tous les membres ont droit au respect, à la sécurité et à la protection
- stipuler que le bien-être des membres est essentiel
- définir qui est responsable de la mise en œuvre et du maintien de cette politique
- préciser ce qui constitue une violation
- spécifier les diverses conséquences de telles violations
- préciser les procédures de notification et de traitement des plaintes
- indiquer où chercher conseil et soutien pour toutes les parties impliquées dans une plainte
- spécifier les procédures d'enregistrement des faits
- donner des conseils à la tierce partie qui divulgue les faits ("l'indicateur").

Une organisation sportive devrait disposer d'un code de bonnes pratiques en matière de harcèlement et d'abus sexuel en fonction du rôle de ses membres. Ce code de bonnes pratiques devrait :

- donner des indications quant aux normes de comportement appropriées/attendues de la part de tous les membres
- établir des processus clairs pour traiter des cas de comportements inacceptables, en donnant notamment des conseils quant aux mesures et sanctions disciplinaires à prendre.

Bibliographie – Harcèlement et abus sexuels dans le sport

Cette liste n'est pas exhaustive; elle ne comprend que quelques ouvrages de référence sur le sujet.

Australian Sports Commission (2006), *Ethics in Sport – Member Protection*. Disponible sur www.ausport.gov.au/ethics/memprot.asp

Brackenridge, C.H., Pitchford, A., Nutt, G. and Russell, K. (2007), *Child Welfare in Football: An Exploration of Children's Welfare in the Modern Game*. Londres : Routledge/Taylor & Francis.

Brackenridge, C.H. and Fasting, K. (eds) (2002), *Sexual Harassment and Abuse in Sport - International Research and Policy Perspectives*. Londres : Whiting and Birch.

Brackenridge, C.H. (2001), *Spoilsports: Understanding and Preventing Sexual Exploitation in Sport*. Londres : Routledge.

David, P. (2005), *Human Rights in Youth Sport: A Critical Review of Children's Rights in Competitive Sports*. Londres : Routledge.

Fasting, K., Brackenridge, C. and Sundgot-Borgen, J. (2003), 'Experiences of sexual harassment and abuse among Norwegian elite female athletes and non-athletes', *Research Quarterly for Exercise and Sport* 74(1):84-97.

Johnson, J. and Holman, M. (eds) (2004), *Making the Team: Inside the world of sport initiations and hazing*. Toronto : Canadian Scholar's Press.

Kirby, S. Greaves, L. and Hanvkivsky, O. (2000), *The Dome of Silence: Sexual Harassment and Abuse in Sport*. Halifax. Nouvelle-Écosse : Fernwood Publishing / Londres : Zed Books.

Out Games (2006), *Déclaration de Montréal sur les droits humains des lesbiennes, gays, bisexuels et transsexuels*. En consultation à l'adresse suivante : http://fr.wikipedia.org/wiki/Déclaration_de_Montréal_sur_les_droits_humains_des_LGBT

Panathlon International (2004), *Déclaration sur l'éthique dans le sport des jeunes*. Disponible sur www.panathlon.net/news/?id=500

Sport England/NSPCC Child Protection in Sport Unit (2003), *National Standards for Safeguarding Children in Sport*. Disponible sur www.thecpsu.org.uk

Tofler, I. and de Geronimo, T.F. (2000), *Keeping Your Kids Out Front Without Kicking Them From Behind: How to Manage High-achieving Athletes, Scholars and Performing Artists*. San Fransico, CA : Jossey-Bass.

WomenSport International, *Position Statement on Sexual Harassment in Sport*. Disponible sur www.womensportinternational.org
C Brackenridge and K Fasting
12 11 06

Annexe 2 • *Sport Concussion Assessment Tool 2* (SCAT 2) - Test pour détecter les symptômes d'une commotion cérébrale[2]

Name _____

Sport/team _____

Date/time of injury _____

Date/time of assessment _____

Age _____ Gender ▨ M ▨ F

Years of education completed _____

Examiner _____

What is the SCAT2?[1]

This tool represents a standardized method of evaluating injured athletes for concussion and can be used in athletes aged from 10 years and older. It supersedes the original SCAT published in 2005[2]. This tool also enables the calculation of the Standardized Assessment of Concussion (SAC)[3,4] score and the Maddocks questions[5] for sideline concussion assessment.

Instructions for using the SCAT2

The SCAT2 is designed for the use of medical and health professionals. Preseason baseline testing with the SCAT2 can be helpful for interpreting post-injury test scores. Words in Italics throughout the SCAT2 are the instructions given to the athlete by the tester.

This tool may be freely copied for distribtion to individuals, teams, groups and organizations.

What is a concussion?

A concussion is a disturbance in brain function caused by a direct or indirect force to the head. It results in a variety of non-specific symptoms (like those listed below) and often does not involve loss of consciousness. Concussion should be suspected in the presence of **any one or more** of the following:
- Symptoms (such as headache), or
- Physical signs (such as unsteadiness), or
- Impaired brain function (e.g. confusion) or
- Abnormal behaviour.

Any athlete with a suspected concussion should be REMOVED FROM PLAY, medically assessed, monitored for deterioration (i.e., should not be left alone) and should not drive a motor vehicle.

Symptom Evaluation

How do you feel?
You should score yourself on the following symptoms, based on how you feel now.

	none	mild		moderate		severe	
Headache	0	1	2	3	4	5	6
"Pressure in head"	0	1	2	3	4	5	6
Neck Pain	0	1	2	3	4	5	6
Nausea or vomiting	0	1	2	3	4	5	6
Dizziness	0	1	2	3	4	5	6
Blurred vision	0	1	2	3	4	5	6
Balance problems	0	1	2	3	4	5	6
Sensitivity to light	0	1	2	3	4	5	6
Sensitivity to noise	0	1	2	3	4	5	6
Feeling slowed down	0	1	2	3	4	5	6
Feeling like "in a fog"	0	1	2	3	4	5	6
"Don't feel right"	0	1	2	3	4	5	6
Difficulty concentrating	0	1	2	3	4	5	6
Difficulty remembering	0	1	2	3	4	5	6
Fatigue or low energy	0	1	2	3	4	5	6
Confusion	0	1	2	3	4	5	6
Drowsiness	0	1	2	3	4	5	6
Trouble falling asleep (if applicable)	0	1	2	3	4	5	6
More emotional	0	1	2	3	4	5	6
Irritability	0	1	2	3	4	5	6
Sadness	0	1	2	3	4	5	6
Nervous or Anxious	0	1	2	3	4	5	6

Total number of symptoms (Maximum possible 22) ▨

Symptom severity score
(Add all scores in table, maximum possible: 22 x 6 = 132) ▨

Do the symptoms get worse with physical activity? ▨ Y ▨ N
Do the symptoms get worse with mental activity? ▨ Y ▨ N

Overall rating
If you know the athlete well prior to the injury, how different is the athlete acting compared to his / her usual self? Please circle one response.

no different	very different	unsure

---

2. Développé par un groupe d'experts internationaux lors de la 3e réunion du Consensus international sur la Commotion cérébrale de Zurich (Suisse) en novembre 2008. Les résultats complets de la conférence et les auteurs de cet outil ont été publiés dans la *British Journal of Sports Medicine.* www.sportalliance.com/Images/sport%20Safety/SCAT2.pdf

Cognitive & Physical Evaluation

1

Symptom score (from page 1)
22 **minus** number of symptoms [ ] of 22

2

Physical signs score

Was there loss of consciousness or unresponsiveness?	Y	N
If yes, how long? _____ minutes		
Was there a balance problem/unsteadiness?	Y	N

Physical signs score (1 point for each negative response) [ ] of 2

3

Glasgow coma scale (GCS)

Best eye response (E)

No eye opening	1
Eye opening in response to pain	2
Eye opening to speech	3
Eyes opening spontaneously	4

Best verbal response (V)

No verbal response	1
Incomprehensible sounds	2
Inappropriate words	3
Confused	4
Oriented	5

Best motor response (M)

No motor response	1
Extension to pain	2
Abnormal flexion to pain	3
Flexion/Withdrawal to pain	4
Localizes to pain	5
Obeys commands	6

Glasgow Coma score (E + V + M) [ ] of 15

GCS should be recorded for all athletes in case of subsequent deterioration.

4

Sideline Assessment – Maddocks Score
"I am going to ask you a few questions, please listen carefully and give your best effort."

Modified Maddocks questions (1 point for each correct answer)

At what venue are we at today?	0	1
Which half is it now?	0	1
Who scored last in this match?	0	1
What team did you play last week/game?	0	1
Did your team win the last game?	0	1

Maddocks score [ ] of 5

Maddocks score is validated for sideline diagnosis of concussion only and is not included in SCAT 2 summary score for serial testing.

5

Cognitive assessment
Standardized Assessment of Concussion (SAC)

Orientation (1 point for each correct answer)

What month is it?	0	1
What is the date today?	0	1
What is the day of the week?	0	1
What year is it?	0	1
What time is it right now? (within 1 hour)	0	1

Orientation score [ ] of 5

Immediate memory
"I am going to test your memory. I will read you a list of words and when I am done, repeat back as many words as you can remember, in any order."

Trials 2 & 3:
"I am going to repeat the same list again. Repeat back as many words as you can remember in any order, even if you said the word before."

Complete all 3 trials regardless of score on trial 1 & 2. Read the words at a rate of one per second. Score 1 pt. for each correct response. Total score equals sum across all 3 trials. Do not inform the athlete that delayed recall will be tested.

List	Trial 1	Trial 2	Trial 3	Alternative word list		
elbow	0 1	0 1	0 1	candle	baby	finger
apple	0 1	0 1	0 1	paper	monkey	penny
carpet	0 1	0 1	0 1	sugar	perfume	blanket
saddle	0 1	0 1	0 1	sandwich	sunset	lemon
bubble	0 1	0 1	0 1	wagon	iron	insect
Total						

Immediate memory score [ ] of 15

Concentration
Digits Backward:
"I am going to read you a string of numbers and when I am done, you repeat them back to me backwards, in reverse order of how I read them to you. For example, if I say 7-1-9, you would say 9-1-7."

If correct, go to next string length. If incorrect, read trial 2. One point possible for each string length. Stop after incorrect on both trials. The digits should be read at the rate of one per second.

		Alternative digit lists		
4-9-3	0 1	6-2-9	5-2-6	4-1-5
3-8-1-4	0 1	3-2-7-9	1-7-9-5	4-9-6-8
6-2-9-7-1	0 1	1-5-2-8-6	3-8-5-2-7	6-1-8-4-3
7-1-8-4-6-2	0 1	5-3-9-1-4-8	8-3-1-9-6-4	7-2-4-8-5-6

Months in Reverse Order:
"Now tell me the months of the year in reverse order. Start with the last month and go backward. So you'll say December, November ... Go ahead"

1 pt. for entire sequence correct

Dec-Nov-Oct-Sept-Aug-Jul-Jun-May-Apr-Mar-Feb-Jan	0	1

Concentration score [ ] of 5

---

[1] This tool has been developed by a group of international experts at the 3rd International Consensus meeting on Concussion in Sport held in Zurich, Switzerland in November 2008. The full details of the conference outcomes and the authors of the tool are published in British Journal of Sports Medicine, 2009, volume 43, supplement 1.
The outcome paper will be simultaneously co-published in the May 2009 issues of Clinical Journal of Sports Medicine, Physical Medicine & Rehabilitation, Journal of Athletic Training, Journal of Clinical Neuroscience, Journal of Science & Medicine in Sport, Neurosurgery, Scandinavian Journal of Science & Medicine in Sport and the Journal of Clinical Sports Medicine.

[2] McCrory P et al. Summary and agreement statement of the 2nd International Conference on Concussion in Sport, Prague 2004. British Journal of Sports Medicine. 2005; 39: 196-204

[3] McCrea M. Standardized mental status testing of acute concussion. Clinical Journal of Sports Medicine. 2001; 11: 176-181

[4] McCrea M, Randolph C, Kelly J. Standardized Assessment of Concussion: Manual for administration, scoring and interpretation. Waukesha, Wisconsin, USA.

[5] Maddocks, DL; Dicker, GD; Saling, MM. The assessment of orientation following concussion in athletes. Clin J Sport Med. 1995;5(1):32–3

[6] Guskiewicz KM. Assessment of postural stability following sport-related concussion. Current Sports Medicine Reports. 2003; 2: 24-30

6 **Balance examination**

This balance testing is based on a modified version of the Balance Error Scoring System (BESS)*. A stopwatch or watch with a second hand is required for this testing.

Balance testing

"I am now going to test your balance. Please take your shoes off, roll up your pant legs above ankle (if applicable), and remove any ankle taping (if applicable). This test will consist of three twenty second tests with different stances."

(a) Double leg stance:
"The first stance is standing with your feet together with your hands on your hips and with your eyes closed. You should try to maintain stability in that position for 20 seconds. I will be counting the number of times you move out of this position. I will start timing when you are set and have closed your eyes."

(b) Single leg stance:
"If you were to kick a ball, which foot would you use? [This will be the dominant foot] Now stand on your non-dominant foot. The dominant leg should be held in approximately 30 degrees of hip flexion and 45 degrees of knee flexion. Again, you should try to maintain stability for 20 seconds with your hands on your hips and your eyes closed. I will be counting the number of times you move out of this position. If you stumble out of this position, open your eyes and return to the start position and continue balancing. I will start timing when you are set and have closed your eyes."

(c) Tandem stance:
"Now stand heel-to-toe with your non-dominant foot in back. Your weight should be evenly distributed across both feet. Again, you should try to maintain stability for 20 seconds with your hands on your hips and your eyes closed. I will be counting the number of times you move out of this position. If you stumble out of this position, open your eyes and return to the start position and continue balancing. I will start timing when you are set and have closed your eyes."

Balance testing – types of errors
1. Hands lifted off iliac crest
2. Opening eyes
3. Step, stumble, or fall
4. Moving hip into > 30 degrees abduction
5. Lifting forefoot or heel
6. Remaining out of test position > 5 sec

Each of the 20-second trials is scored by counting the errors, or deviations from the proper stance, accumulated by the athlete. The examiner will begin counting errors only after the individual has assumed the proper start position. **The modified BESS is calculated by adding one error point for each error during the three 20-second tests. The maximum total number of errors for any single condition is 10.** If a athlete commits multiple errors simultaneously, only one error is recorded but the athlete should quickly return to the testing position, and counting should resume once subject is set. Subjects that are unable to maintain the testing procedure for a minimum of **five seconds** at the start are assigned the highest possible score, ten, for that testing condition.

Which foot was tested: ☐ Left   ☐ Right
(i.e. which is the **non-dominant** foot)

Condition	Total errors
Double Leg Stance (feet together)	of 10
Single leg stance (non-dominant foot)	of 10
Tandem stance (non-dominant foot at back)	of 10
Balance examination score (30 **minus** total errors)	of 30

7 **Coordination examination**

Upper limb coordination
Finger-to-nose (FTN) task: *"I am going to test your coordination now. Please sit comfortably on the chair with your eyes open and your arm (either right or left) outstretched (shoulder flexed to 90 degrees and elbow and fingers extended). When I give a start signal, I would like you to perform five successive finger to nose repetitions using your index finger to touch the tip of the nose as quickly and as accurately as possible."*

Which arm was tested: ☐ Left   ☐ Right

Scoring: 5 correct repetitions in < 4 seconds = 1
Note for testers: Athletes fail the test if they do not touch their nose, do not fully extend their elbow or do not perform five repetitions. Failure should be scored as 0.

Coordination score   of 1

8 **Cognitive assessment**

Standardized Assessment of Concussion (SAC)

Delayed recall
"Do you remember that list of words I read a few times earlier? Tell me as many words from the list as you can remember in any order."

Circle each word correctly recalled. Total score equals number of words recalled.

List	Alternative word list		
elbow	candle	baby	finger
apple	paper	monkey	penny
carpet	sugar	perfume	blanket
saddle	sandwich	sunset	lemon
bubble	wagon	iron	insect

Delayed recall score   of 5

Overall score

Test domain	Score
Symptom score	of 22
Physical signs score	of 2
Glasgow Coma score (E + V + M)	of 15
Balance examination score	of 30
Coordination score	of 1
Subtotal	**of 70**
Orientation score	of 5
Immediate memory score	of 5
Concentration score	of 15
Delayed recall score	of 5
SAC subtotal	**of 30**
SCAT2 total	**of 100**
Maddocks Score	**of 5**

Definitive normative data for a SCAT2 "cut-off" score is not available at this time and will be developed in prospective studies. Embedded within the SCAT2 is the SAC score that can be utilized separately in concussion management. The scoring system also takes on particular clinical significance during serial assessment where it can be used to document either a decline or an improvement in neurological functioning.

Scoring data from the SCAT2 or SAC should not be used as a stand alone method to diagnose concussion, measure recovery or make decisions about an athlete's readiness to return to competition after concussion.

Athlete Information

Any athlete suspected of having a concussion should be removed from play, and then seek medical evaluation.

Signs to watch for

Problems could arise over the first 24-48 hours. You should not be left alone and must go to a hospital at once if you:
- Have a headache that gets worse
- Are very drowsy or can't be awakened (woken up)
- Can't recognize people or places
- Have repeated vomiting
- Behave unusually or seem confused; are very irritable
- Have seizures (arms and legs jerk uncontrollably)
- Have weak or numb arms or legs
- Are unsteady on your feet; have slurred speech

**Remember, it is better to be safe.
Consult your doctor after a suspected concussion.**

Return to play

Athletes should not be returned to play the same day of injury. When returning athletes to play, they should follow a stepwise symptom-limited program, with stages of progression. For example:
1. rest until asymptomatic (physical and mental rest)
2. light aerobic exercise (e.g. stationary cycle)
3. sport-specific exercise
4. non-contact training drills (start light resistance training)
5. full contact training after medical clearance
6. return to competition (game play)

There should be approximately 24 hours (or longer) for each stage and the athlete should return to stage 1 if symptoms recur. Resistance training should only be added in the later stages.
Medical clearance should be given before return to play.

Tool	Test domain	Time	Score			
		Date tested				
		Days post injury				
SCAT2	Symptom score					
	Physical signs score					
	Glasgow Coma score (E + V + M)					
	Balance examination score					
	Coordination score					
SAC	Orientation score					
	Immediate memory score					
	Concentration score					
	Delayed recall score					
	SAC Score					
Total	SCAT2					
Symptom severity score (max possible 132)						
Return to play			☐ Y ☐ N	☐ Y ☐ N	☐ Y ☐ N	☐ Y ☐ N

Additional comments

Concussion injury advice (To be given to concussed athlete)

This patient has received an injury to the head. A careful medical examination has been carried out and no sign of any serious complications has been found. It is expected that recovery will be rapid, but the patient will need monitoring for a further period by a responsible adult. Your treating physician will provide guidance as to this timeframe.

If you notice any change in behaviour, vomiting, dizziness, worsening headache, double vision or excessive drowsiness, please telephone the clinic or the nearest hospital emergency department immediately.

Other important points:
- **Rest and avoid strenuous activity for at least 24 hours**
- **No alcohol**
- **No sleeping tablets**
- **Use paracetamol or codeine for headache. Do not use aspirin or anti-inflammatory medication**
- **Do not drive until medically cleared**
- **Do not train or play sport until medically cleared**

Clinic phone number

Patient's name

Date/time of injury

Date/time of medical review

Treating physician

Contact details or stamp

Annexe 3 • Pocket SCAT2

Un cas de commotion cérébrale devrait être suspecté lors de l'apparition de l'un ou plus des symptômes (tels que le mal de tête), signes physiques (tels que le déséquilibre), fonction cérébrale défaillante (par exemple, la confusion) ou comportements anormaux qui suivent.

1. Symptômes

L'apparition de l'un des signes et symptômes suivants peut révéler une commotion cérébrale :

- perte de connaissance ;
- attaque ou convulsion ;
- amnésie ;
- mal de tête ;
- « pression à la tête » ;
- douleur au cou ;
- nausée ou vomissement ;
- vertiges ;
- troubles visuels ;
- problèmes d'équilibre ;
- sensibilité à la lumière ;
- sensibilité au bruit ;
- impression de ralentissement ;
- impression d'être « dans le brouillard » ;
- « sensation de ne pas être bien » ;
- difficulté à se concentrer ;
- troubles de mémoire ;

- fatigue ou manque d'énergie ;
- confusion ;
- somnolence ;
- plus émotionnel ;
- irritabilité ;
- tristesse ;
- nervosité ou anxiété.

2. Fonction mémorielle

Ne pas répondre correctement à toutes les questions peut révéler une commotion cérébrale :

- « Dans quel stade sommes-nous aujourd'hui ? »
- « Sommes-nous en première ou deuxième mi-temps maintenant ? »
- « Quelle équipe a marqué en dernier dans ce match ? »
- « Contre qui as-tu joué la semaine dernière/le dernier match ? »
- « Est-ce que ton équipe a gagné son dernier match ? »

3. Test d'équilibre

Instructions pour le test d'équilibre

- « Tiens-toi avec un pied derrière l'autre, ton pied non dominant derrière et touchant celui de devant. Ton poids devrait être également réparti sur tes deux pieds. Essaie de rester stable pendant 20 secondes avec tes mains sur les hanches et les yeux fermés. Je vais compter le nombre de fois où tu bougeras et changeras de position. Si tu perds l'équilibre et dois changer de position, ouvre les yeux et reprends ta position de départ et reste en équilibre. Je commencerai à compter quand tu seras prêt et auras les yeux fermés. »

- Observez le sportif pendant 20 secondes. S'il fait plus de cinq erreurs (par exemple, enlever ses mains des hanches ; lever le pied ou le talon ; faire un pas ; trébucher ; ou tomber ; ou ne pas rester en position de départ plus de cinq secondes), cela peut révéler une commotion cérébrale.

- Tout sportif que l'on suspecte d'avoir une commotion cérébrale devrait être immédiatement sorti du jeu, passer un examen médical d'urgence et ne devrait pas être laissé seul ni conduire un véhicule motorisé.

OUVRAGES PARUS DANS LA MÊME COLLECTION

FAMILLE, QU'APPORTES-TU À L'ENFANT?
Michel Lemay
ISBN 2-922770-11-7   2001/216 p.

LA FAMILLE RECOMPOSÉE
UNE FAMILLE COMPOSÉE SUR UN AIR DIFFÉRENT
Marie-Christine Saint-Jacques et Claudine Parent
ISBN 2-922770-33-8   2002/144 p.

FAVORISER L'ESTIME DE SOI DES 0-6 ANS
Danielle Laporte
ISBN 2-922770-43-5   2002/112 p.

LE GRAND MONDE DES PETITS DE 0 À 5 ANS
Sylvie Bourcier
ISBN 2-89619-063-5   2006/168 p.

GRANDS-PARENTS AUJOURD'HUI - PLAISIRS ET PIÈGES
Francine Ferland
ISBN 2-922770-60-5   2003/152 p.

GUIDE INFO-FAMILLE
ORGANISMES-LIVRES-SITES INTERNET-DVD
Centre d'information du CHU Sainte-Justine
ISBN 978-2-89619-137-6   2008/600 p.

GUIDER MON ENFANT DANS SA VIE SCOLAIRE – 2ᵉ ÉDITION
Germain Duclos
ISBN 2-89619-062-7   2006/280 p.

GUIDE POUR PARENTS INQUIETS – 2ᵉ ÉDITION
AIMER SANS SE CULPABILISER
Michel Maziade
ISBN 978-2-89619-255-7   2010/208 p.

L'HYDROCÉPHALIE: GRANDIR ET VIVRE
AVEC UNE DÉRIVATION
Nathalie Boëls
ISBN 2-89619-051-1   2006/112 p.

LE SÉJOUR DE MON ENFANT À L'HÔPITAL
Isabelle Amyot, Anne-Claude Bernard-Bonnin, Isabelle Papineau
ISBN 2-922770-84-2   2004/120 p.

LA SEXUALITÉ DE L'ENFANT EXPLIQUÉE AUX PARENTS
Frédérique Saint-Pierre et Marie-France Viau
ISBN 2-89619-069-4   2006/208 p.

TEMPÊTE DANS LA FAMILLE
LES ENFANTS ET LA VIOLENCE CONJUGALE
Isabelle Côté, Louis-François Dallaire et Jean-François Vézina
ISBN 2-89619-008-2   2004/144 p.

LE TROUBLE DE DÉFICIT DE L'ATTENTION
AVEC OU SANS HYPERACTIVITÉ
Stacey Bélanger, Michel Vanasse et coll.
ISBN 978-2-89619-136-9   2008/240 p.

LES TROUBLES ANXIEUX EXPLIQUÉS AUX PARENTS
Chantal Baron
ISBN 2-922770-25-7   2001/88 p.

LES TROUBLES D'APPRENTISSAGE:
COMPRENDRE ET INTERVENIR
Denise Destrempes-Marquez et Louise Lafleur
ISBN 2-921858-66-5   1999/128 p.

VOTRE ENFANT ET LES MÉDICAMENTS:
INFORMATIONS ET CONSEILS
*Catherine Dehaut, Annie Lavoie, Denis Lebel, Hélène Roy
et Roxane Therrien*
ISBN 2-89619-017-1   2005/332 p.

Imprimé au Canada par
Transcontinental Métrolitho